아무튼, 여름

아무튼, 여름

김신회

차례

다시 만난 여름 ___ 8
— 개정판을 내며

이야기의 시작 ___ 12
— 여름은 힘이 세다

여름 한철 연애하기 ___ 18
— 플링

알중 아니고 옥중 ___ 28
— 초당옥수수

대한민국 비공식 지정 여름 음료 ___ 34
— 편의점 맥주

입고 싶은 옷을 입는다는 것 ___ 40
— 머슬 셔츠

여름만 되면 엄습하는 패배감이 있다 ___ 48
— 수영

특별한 날에는 백화점 과일 코너에 간다 ___ 54
— 샤인머스캣

우리의 여름방학 ___ 60
— 호캉스

여름으로부터 온 사람 ___ 68
— 전 애인

하늘이랑 바다 빼면 없다 ___ 74
— 괌

나도 누군가에게 꼭 필요한 사람 ___ 82
— 식물

책은 안주다 ___ 88
— 혼술

평양냉면도 아니고 함흥냉면도 아닌 ___ 94
— 옥천냉면

여름을 완성하는 것 ___ 102
— 치앙마이

라라라 라라라라라 날 좋아한다고 ___ 110
— 덩굴장미

발리에는 이모가 있다 ___ 114
— 사누르

일단 대자로 드러눕기 ___ 122
— 대나무 자리

최고의 생맥 ___ 126
— 낮술

결핍으로부터 시작된 여행 ___ 134
— 여름휴가

책상 위 과일 달력 ___ 140
— 신비복숭아

여름이 그리워질 때 ____ 146
— 드라마 〈수박〉

나의 여름날 루틴 ____ 154
— 여름 밥상

우리 가족 첫 바다 ____ 162
— 강릉

김신회가 간다 간다 간다 ____ 168
— 여름사람

계절의 끝 ____ 176
— 근사한 추억 없이도 여름을 사랑할 수 있다

다시 만난 여름
— 개정판을 내며

5년 전 이 책이 나오자마자 코로나바이러스가 전 세계를 덮쳤다. 출간에 맞춰 계획한 행사나 이벤트는 진행하지 못했고, 드문드문 들어오던 북토크 역시 취소되었다. 여름에 대해 하고 싶은 이야기가 많았는데 마음속에 담아두어야 했다. 출간 후 두어 달 만에 성적표가 나오는 출판계 흐름에 따라 책은 자연스럽게 잊힐 차례였다.

　이듬해 여름이 되기 전, 출판사로부터 연락이 왔다. 재쇄를 찍는다는 거였다. 그래, 이 정도 소식에 만족하자. 1년이 지나자 출판사로부터 다시 연락이 왔다. 또 재쇄를 찍는다고 했다. 북토크를 하자는 제안도 하나둘 날아들었다. 책 나온 지 3년이 지났는데 북토크라뇨.

　이후 책날개에 실은 프로필 중 "여름이 올 때마다 이 책의 중쇄를 들고 휴가 가고 싶다는 원대한 포부가 있다"는 문장은 현실이 되었다. 비록 나는 매년 여름휴가를 떠나지는 못하지만, 『아무튼, 여름』은 세상에 나온 첫해부터 5년째 착실히 재쇄를 찍고 있다.

　'팔리겠어?' 의심하며 쓴 책이 독자들에게 사랑받을 때 작가는 얼떨떨하다. 내가 뭘 잘 몰랐구나 싶으면서도 '이 책이 왜 인기 있는 거지?'라는 의문도 든다. 세월이 흐를수록 요즘 독자들이 나의 글에 관심이 있을까 걱정이 이어지는데 『아무튼, 여름』은 특히 2030 여성들이 많이 읽어주었다.

　책을 내고 나서 내 삶에는 많은 변화가 있었다. 개와 가족이 되었고, 첫 장편소설을 썼으며, 출판사를 만들었다. 시국 역시 변화무쌍해서 나라 안팎, 세계 곳곳에 별일이 다 있었다. 그래서인지 새로운 여름 이야기를 쓰기로 했으면서도 머릿속이 정리되지 않았다. 내 안에 5년 전의 마음이 남아 있을까. 생기 없고 낡은 글로 독자들을 실망시키지는 않을까.

　무엇보다 여름에 나올 개정판 작업을 한겨울에 해야 했는데, 유난히 눈이 많이 내린 겨울이었다. 작업 중간중간 창밖을 내다보면 아직 녹지 않은 회색 눈이 지면 가득 쌓여 있었다. 눈이라면 지긋지긋했고, 마음속에 0.005퍼센트쯤 남은 '겨울을 받아들이겠다는 마음'은 자취를 감췄다. 보일러의 온도를 아무리 높게 설정해도 금세 뜨거워지지 않는 집 안 공기에 수면 양말을 신고, 뜨거운 차를 홀짝이며 쓰는 여름 원고라니 도무지 집중이 되지 않았다.

　서둘러 내 몸을 '여름 모드'로 만들어야 했다. 먼저, 여름에 관해 더 하고 싶은 이야기들을 추렸다.

여름을 꿈꾸게 하는 음악을 듣고, 책을 읽고, 여름 하면 생각나는 영화나 드라마를 종일 틀어놓았다. 여름의 마음들과 하나둘 만나다 보니 예전 같지 않을 거라는 염려는 여름에 대한 애정으로 뒤덮였다. 내게 여름은 그런 거였다. 많은 것들이 변했지만 여름을 사랑하는 마음은 변하지 않은 채로 있었다.

여전히 여름이 되면 책을 꺼내 읽는다는 독자들의 소식을 듣는다. 올여름 처음으로 이 책을 만나 '나 여름 좋아했네?'를 깨달았다는 후기를 접한다. 다정한 응원들에 답장을 보내는 마음으로 개정판을 내놓는다. 몇 갠가의 이야기가 빠진 자리에 새로운 이야기를 채워 넣고, 5년 전 원고를 다시 손보면서 또 한 번 여름을 열심히 영업해보자고 다짐한다.

여름이 좋아서 이 책을 썼지만 이 책을 좋아해주는 독자들 덕분에 여름이 더 좋아졌다. 나를 이렇게 진심으로 만든 건 여름 말고는, 독자들 말고는 없다. 그러니 책임져요.

또 한 번의 '최애'를 맞이하며
김신회

이야기의 시작
— 여름은 힘이 세다

"이모, '기쿠지로의 여름' 칠 줄 알아?"

피아노를 즐겨 연주하는 둘째 조카는 만날 때마다 자기가 칠 수 있는 곡을 나도 칠 줄 아는지 꼭 물어본다. 평소에는 "응"이나 "아니", 혹은 "우와, 대단하네" 정도로 짧게 대화를 끝내곤 했는데 좋아하는 곡 이름이 나오니 표정이 느슨해졌다.

"그럼, 칠 수 있지. 이모 그 곡 되게 좋아해."

증명하기 위해 입으로 멜로디를 흥얼거렸다.

"따라라라 라라라, 따라라라 라라 라라라…."

저절로 머릿속에서 영화가 재생되었다. 커다란 나뭇잎을 등 뒤에 꽂고 시골길을 걷는 기쿠지로와 마사오, 수영장이 딸린 호텔에 머무는 동안 둘이 나란히 입은 빨강 하와이안 셔츠, 내내 고집스럽게 울던 매미와 화면 가득 펼쳐지는 초록, 초록 그리고 파랑. 마음은 어느새 한여름이 됐다.

이모는 여름이 생각날 때마다 피아노 앞에 앉아 그 곡(히사이시 조의 〈Summer〉)을 똥땅거리곤 하는데 너도 그렇게 될까. 이제껏 수많은 여름이 나를 키운 것처럼 너도 자라게 하겠지. 혼자 상념에 젖느라 까먹었지만 물어보고 싶은 게 하나 있었다.

이모는 여름을 좋아해. 너는?

여름을 좋아해, 라고 말하는 나를 저 멀리서

지켜본다고 상상하면 이런 생각이 든다. '너 아직 애구나, 애.' 초여름 어느 날, 체육 수업이 끝나자마자 운동장 세면대 수도꼭지를 틀면 와르르 쏟아지던 미지근한 물의 감촉을 아직 기억한다. 고1 여름방학 때, 보충수업이 끝났는데도 친구랑 헤어지기가 아쉬워 정류장에 선 채로 버스 한 대를 보내고, 또 한 대를 보내며 수다에 몰두하던 오후를 잊지 못한다. 뙤약볕이 내리쬐는 오후, 한강을 따라 뛰다가 입 밖으로 튀어나올 것 같은 심장을 움켜쥐고 숨을 고를 때 불어오던 산들바람, 하드 하나 입에 물고 한 손에는 맥주가 든 비닐봉지를 늘어뜨린 채 휘청휘청 걷던 자정 무렵의 귀갓길도 빼놓을 수 없다. 하루라도 빨리 어른이 되고 싶었던 나는 여름의 순간들과 함께 이만큼 자랐다.

그러나 해가 갈수록 여름이 난폭해진다. 한여름에 바깥 기온은 41도도 되고 43도도 된다. 집을 나설 때마다 모자나 손수건부터 챙겨야 하고 두 시간에 한 번씩 선크림을 덧발라야 한다. 얼굴은 금방 벌게지고 그 위로 땀은 비 오듯 흐른다. 아무리 얇은 옷으로 골라 입어도 땀으로 푹 젖기 일쑤고, 열대야에 숨이 막혀 잠을 설친다. 세계 곳곳에서 더위

때문에 죽은 사람들 소식도 들린다. 그럴 때면 내가 여름을 좋아하는 게 맞나, 그만 우겨야 되나 싶다.

    그러면서도 여름이 끝나가면 어김없이 서운하다. 소매가 팔 끝에 닿는 옷을 꺼내 입을 때마다 아끼는 물건을 잃어버린 것처럼 허탈하다. 힘들긴 해도 버틸 만했는데, 당분간 안녕이네. 한참 동면 모드에 돌입했다가 코트를 벗을 시기가 되면 다시 가슴이 뛴다. 몇 달은 더 기다려야 입을 수 있는 반팔 옷을 꺼내 서랍에 챙겨 넣으며 얼마 안 있으면 여름이라는 사실에 감격한다.

    왜 그렇게 여름이 좋냐는 질문 앞에서는 늘 대답이 궁해진다. 그렇지만 그냥, 이라고 얼버무리기에 여름은 그렇게 단순하게 넘겨버릴 게 아니어서 그럼 한번 써볼까, 했다. 마치 여름에게 보내는 러브레터처럼, 여름이 좋은 이유에 대해 써보는 거다. 나는 너의 이런 점이 좋아. 그래서 좋아. 별로일 때도 있지만 결국은 좋아. 1년 내내 여름만 기다리며 사는 사람으로서 내 여름의 기억과 취향에 대해 이야기하고, 비슷한 마음을 가진 사람들과 공감하고 싶었다.

    여름을 둘러싼 기억을 불러 모으고, 추억을 곱

썹고, 글로 꺼내놓는 동안 여름이 얼마나 힘센 계절인지를 새삼 실감할 수 있었다. 여름을 향한 애정도 다시금 샘솟았다. 여름은 늘 그런 식이다. 부푼 가슴으로 기다리면서도 정작 다가오면 뭘 어떻게 해야 할지 몰라 입맛만 다시게 되지만, 시간이 지나 되돌아보면 예상보다 많은 추억이 쌓여 있다.

오랜만에 영화 〈기쿠지로의 여름〉을 다시 봤다. 예전에는 미처 깨닫지 못한 불편한 장면들에 당황스럽기도 했지만, 다 보고 나서 결국 울어버렸다. 여름이 가진, 대책 없이 낙관적인 에너지가 화면을 가득 채우고 있었다. 그때 아홉 살이던 주인공 마사오는 이제 서른이 됐겠구나. 툭하면 고개를 떨어뜨리며 풀 죽던, 뜨거운 태양 아래서 잘도 달리던 그 아이 역시 여름과 함께 자라왔겠지. 기쿠지로 아저씨와 함께한 날들을 추억하는 사이, 어느새 훌쩍 어른이 되었겠지.

내게도 언제든 꺼내 볼 수 있는 여름날의 추억이 있다. 여름이 그 추억만큼 나를 키운 것이다. 여름은 담대하고, 뜨겁고, 즉흥적이고, 빠르고, 그러면서도 느긋하고 너그럽게 나를 지켜봐준다. 그래서 좋다. 마냥 아이 같다가도 결국은 어른스러운 계절. 내가 되고 싶은 사람도 여름 같은 사람이다.

여름 한철 연애하기
— 플링

오랫동안 나의 여름어(語)는 '기대'였다. 늘 여름을 기다렸고, 계절에 벌어질 일들을 기대했다. 그러면서도 정작 여름이 되면 뭘 어디서부터 어떻게 해야 할지 어버버댔다. 정신을 차려보면 이미 날씨는 서늘해져 있고, 먼 산을 보며 별 볼 일이라곤 없던 지난 계절을 한탄하는 식이었다.

얼마 전, 여름에 관한 책을 쓰고 있다는 말에 아는 언니가 그랬다.

"여름의 설렘, 환상 이런 걸 자극해야겠네. 이를테면 플링(fling) 같은 것 말야."

그 말에 고개를 갸우뚱하면서 물었다.

"그게 뭐야?"

"여름 한철 사랑하는 거, 휴가지에서 하는 짧은 연애 같은 거. 네가 알려준 단어거든?"

나도 모르는 단어를 대체 언제 알려줬다는 건지 기억나지 않았지만 언니의 설명을 듣다 보니 서서히 표정이 근엄해졌다. 좀 전까지 우리는 '탈연애'에 대한 이야기를 침 튀기며 하고 있었기 때문이다. 그런데 사랑이라고요? 연애라고요?

되돌아보면 나는 늘 여름에 누군가를 만났다. 날이 더워지기 시작하면 이상하게 조바심이 났다. 뭔가 신나는 일을 해야 해, 이제까지와는 다른 무언가가 필요해. 열정, 젊음, 무모함, 로맨스, 핫 바디, 섹시. 이런 것들이야말로 여름을 설명하는 단어라고 믿었다. 하지만 지금 이렇게 글로 쓰고 있으니 저절로 낯빛이 창백해진다. 조바심 끝에는 흑역사만 남았기 때문이다.

여름이라는 계절에 이 한 몸 내던지는 일. 그것이 쿨하게 여름을 보내는 방법이라 믿고 살았다. 잘못 입력된 'Girls can do anything'을 바탕으로, 이 시대의 '주체적인 여성'으로서 쿨한 척을 실컷 하다가 스스로 휘두른 쿨 몽둥이에 번번이 얻어맞았다. 애석한 점이라면 상대방에게는 플링이었던 것이 나에게는 사랑이었다는 사실이다.

여름 나라로 떠난 여행에서도 누군가를 만났다. 혼자 떠난 여행에서 새로운 사람들을 만나는 방법은 의외로 간단한데, 무조건 먼저 인사하는 것이다. 인생 전반에 걸쳐 아싸인 나는 혼자 여행할 때마다 핵인싸로 변신해 눈앞에 보이는 모든 사람에게 인사를 건넨다. 왜 그러는 건지는 잘 모르겠는데, 정신을 차리고 보면 누군가와 스몰 토크를 하고 있다. 심심해서, 외로워서 그런 거겠지. 모르는 사람들과 인사를 나누다 서서히 말을 섞게 되고, 정보를 주고받고, 가끔 같이 밥을 먹거나 여행의 동행이 되기도 한다. 그러다 보면 마음에 드는 사람도 생긴다.

　　사람을 조급하게 만든다는 점에서 여름과 외로움은 같은 맹점을 지녔다. 외로워서 마음이 조급해진 사람은 실수하기 쉽다. 어쩌면 여름은 실수의 계절이기도 해서 여름마다 여름 나라로 여행을 떠나는 나란 인간은 같은 실수를 반복한다.

　　발리 우붓에서 혼자 한 달을 지낼 때의 일이다. 혼자만의 발리를 여유롭게 즐겨보겠다고 떠났지만, 뼛속 깊이 집순이인 사람은 여행지에서도 숙소 안에만 머무는 경향이 있다. 여유가 있어도 너무 있었다. 재미있는 일이 생기기를 기다렸지만 재미없는 일조차 생기지 않았다.

　　어느 금요일 오후, 문득 스마트폰 달력을 보고 발리에 머물 날이 며칠 남지 않았다는 것을 깨달았다. 갑자기 초조해졌다. 침대에 널브러져 있던 몸을 다급하게 일으킨 다음, 새것 같은 가이드북을 펼쳤다. 책 속에는 죄다 안 가본 곳들뿐이어서 한 달 동안 여기서 뭘 한 건가 싶었다. 그러다 숙소 근처에 라이브 펍이 하나 있다는 게 생각났다. 몇 주 만에 옷을 챙겨 입고 자발적으로 불금을 향해 걸어 들어갔다.

래핑 부다(Laughing Budda). 몽키 포레스트 로드에 있는 그곳은 주말은 물론 평일에도 라이브 공연이 펼쳐지는 우붓의 명소다. 아침에 문을 열어 초저녁이면 닫는 우붓의 여느 가게들과는 달리 저녁에 영업을 시작해 자정이 넘으면 가장 분주해진다. 평소에 주변을 산책하면서 기회가 되면 여기서 술 한잔해야겠다고 다짐했는데 집에 갈 날이 가까워져서야 겨우 들르게 됐다.

혼자 온 사람은 나밖에 없었다. 수많은 커플과 단체 손님 들을 보니 야심차게 감행한 밤 외출이었음에도 서서히 주눅이 들었다. 하지만 다시 숙소를 향해 뒷걸음질 치는 건 안 될 일 같았다. 안내하는 직원을 따라갔더니 가게 바로 입구에 놓인 가로로 긴 테이블, 저절로 인간 쇼윈도가 되어 지나가는 사람들과 자꾸 눈을 마주치게 될 게 확실한 자리를 배정해주었다. 이왕이면 구석 자리에 찌그러져 있고 싶었지만 남는 자리는 거기밖에 없어 보였다. 쭈뼛쭈뼛 앉고 나서 인도네시아 맥주 빈땅 한 병을 시켰다.

어색한 시간을 채우기 위해 스마트폰으로 가게 내부 사진을 찍고, 눈이 마주친 사람과 영혼 없는 눈인사를 나누고, 두꺼운 메뉴판을 처음부터 끝까지 정독하며 억지로 버텼다. 뻘쭘해서 오래는 못

있겠다, 그래도 이왕 나왔으니 공연이나 보고 가자. 사람들은 제각기 모여 웃고 떠들며 술잔을 기울이고 있었지만 나만 일행 없이 멀뚱히 앉아 있었다. 얼핏 둘러봐도 누구 하나 나와 대화를 나눠줄 만큼 한가해 보이질 않았다.

그때, 가게 앞으로 한 남자가 지나갔다. 옅은 하늘색 리넨 셔츠에 패턴이 정교한 흰색 스카프를 두른, 짧은 머리에 키가 큰 동양인이었다. 예로부터 잘생긴 사람을 발견하는 데는 긴 시간이 필요하지 않다. 0.3초 정도면 충분하다. 찰나의 시간 동안 그의 몸 전체에서 마구 발산되는 눈부심을 포착할 수 있었지만, 그는 금세 가게 앞을 지나가버렸다. 에이, 그렇게 가는 거냐? 그런데….

그가 걸음을 돌려 다시 왔고, 가게 안을 두리번거리다 나와 눈이 마주쳤다. 나 비록 모르는 사람에게 먼저 인사하기를 주저하지 않는 '기간 한정 핵인싸'라 해도 문 너머에 있는, 처음 보는 남자에게 큰 소리로 말을 걸긴 좀 그래서 슬쩍 고개를 돌렸다. 대신 제3의 눈이라고 일컬어지는 신체 감각을 이용해 상황을 살폈다. 그는 가게 입구에 놓인 메뉴판을 훑어보다가 내가 앉은 테이블 쪽으로 눈길을 주었고, 그 시선을 통해 이곳에 들어올 마음이 있다는 것을 알 수 있었다. 그를 향해 고개를 돌리자 그가 나를 보고 웃었다. 나도 웃었다.

운 좋게도 가게는 거의 만석이어서 혼자인 그가 앉을 곳은 내가 앉은 긴 테이블밖에 없었다. 오—예. 그는 나와 조금 떨어진 곳에 자리를 잡았고, 한 시간쯤 지나 둘은 나란히 붙어 앉게 됐다.

공연은 좋았다. 하지만 더 좋았던 건 우리가 나눈 대화였다. 물론 대화의 내용은 중요하지 않았다. 이미 한 달 가까이 우붓에서만 머물던 나와는 달리, 그는 이제 막 2주간의 발리 여행을 시작한 참이라고 했다. 어디서 살고, 무슨 일을 하고, 취미는 뭐며, 앞으로 발리에서 어디 어딜 가볼 거라고 말하는 그의 모습을 보면서 얼굴에 그냥 막… 엄마 미소 같은 게 흘렀다. 내 아들도 아닌데 왜 이러는 거지. 혼자 발리에 머무는 동안 하루하루가 볼품없고 지루했는데, 집에 갈 때가 되니 이렇게 선물 같은 존재가 나타나는구나 싶어 마음이 설렜다. 마치 영화 〈비포 선라이즈〉의 주인공이 된 것 같은 기분. 줄리 델피, 에단 호크, 보고 있나?

오붓한 시간을 보내고 다른 바로 옮겨 한참 더 얘기를 나눴다. 역시나 내용은 귀에 들어오지 않았지만 꽤 오래 배시시 웃으며 떠든 기억이 난다. 생각해보면 그때 우리는 그대로 헤어지기 싫었던 것 같다. 딱히 알맹이도 없는 이야기를 주절거리면서 숙소로 가 혼자가 될 시간을 미루고 있었다. 눈꺼풀이 서서히 무거워질 즈음 그가 말했다.

"숙소까지 데려다줄게."

"뭘로?"

"오토바이로."

그때까지 한 번도 오토바이를 타본 적이 없었다. 심지어 만난 지 얼마 안 된 사람이 타국에서 모는 오토바이라니, 당연히 겁났다. 하지만 그는 결코 강요하지 않는 부드러운 미소로 나의 대답을 기다렸다. 아휴, 뭘 또 저렇게 예쁘게 웃어. '에라 모르겠다'라는 심정으로 뒷자리에 올라타 그의 허리를 감싸 안았다. 그때 내 가슴은 막 뛰고 있었는데, 무서워서 그러는 건지 설레서 그러는 건지. 분명 날씨는 한여름인데 몸도 으슬으슬 떨리는 것 같고, 근데 좋고.

그의 오토바이가 서서히 움직였다. 처음 타본 오토바이가 내는 스피드에 온몸은 바윗덩어리가 됐다. 나도 모르게 눈을 감자 몸 전체를 휘감는 바람이 느껴지기 시작했다. 평소보다 1미터쯤 높은 데서 들이마시는 우붓의 공기는 차원이 달랐다. 이곳은 바람도 상냥하구나. 모든 자동차와 오토바이가 퇴근한 거리는 이렇게나 맑은 공기를 머금고 있구나. 눈앞에 펼쳐지는 우붓의 시꺼먼 길 위에 오직 두 사람만 있는 것 같았다.

그날 이후로 짧은 연애가 시작되었다. 가끔은 함께 가끔은 따로 여행하면서 시간이 날 때마다 서로를 그리워했다. 이쯤에서 눈치 빠른 사람은 예상했겠지만, 이 에피소드의 유일한 비극이라면 그에게는 플링이었던 것이 나에겐 사랑이었다는 거다.

먼저 발리 여행을 끝낸 나는 너덜너덜해진 마음을 부여잡은 채 집으로 돌아왔고, 그 역시 며칠 뒤 자기 사는 곳으로 돌아갔다. 생긴 것만큼이나 깔끔한 성격의 소유자인 그는 여행을 끝냄과 동시에 연애도 끝냈지만, 나는 여전히 소용돌이 한가운데에 서 있었다. 한국에 돌아와서도 그 사람 생각만 났다. 그에게는 휴가철에 경험한 짧은 일탈이었을지 몰라도 나에게는 일생일대의 상사병이었다. SNS 속 그는 일상으로 복귀해 성실하게 살아가는 것처럼 보였다. 반면 나는 병상에 누워 어제도 오늘도 끙끙댔다. 이후 약 3년 동안 그 사람을 잊지 못했고, 친구들과 나는 그 시간을 '잃어버린 3년'이라고 부른다.

그 경험 이후 '여름 한철 사랑'에 대한 환상을 깨끗이 떨쳐버리고 초연한 사람이 되었다, 면 좋겠지만 그러지 못했다. 그 뒤로도 여름만 되면 가슴이 뛰면서 호흡이 가빠졌고, 결국 비슷한 실수를 몇 번 더 반복하고서야 여기까지 왔다. 이제는 여름이 오면 내 지난 흑역사를 다 알고 있는 친구들과 모여 백지영의 〈사랑 안 해〉를 목놓아 부른다. 언젠가부터 코미디 프로가 재미없어지기 시작했는데, 인생이 코미디라는 걸 깨달았기 때문이다.

모든 과거는 추억이 된다지만 모든 추억이 그리움이 되는 건 아니다. 이제는 여름이 와도 그때의 내가 그립지 않다. 더는 그런 걸 원하지 않게 되었으니까. 그만큼 여름에 실수를 덜 하게 됐고, 이제는 이런 여름이 좋다.

지금은 이름도 가물가물한 그때 그 '플링남'의 안부가 문득 궁금해진다. 자니? 잘 때 되면 알아서 자겠지.

알중 아니고 옥중
— 초당옥수수

옥수수를 좋아한다. 특히 제주 초당옥수수에 열광한다. 내가 제주도에 가는 가장 큰 이유는 갓 딴 초당옥수수를 먹을 수 있어서다. 만약 제주도에 사시사철 초당옥수수가 난다면, 서울 생활을 정리하고 내려가서 살 수 있겠다고 생각했을 정도다.

여린 채소처럼 보드라우면서 알알이 톡톡 터지는 아삭한 식감과 달콤함을 가졌다는 초당옥수수의 매력에 대해서는 진작 들어 알고 있었지만, '옥수수니까 당연히 맛있겠지'라고만 생각했다. 하지만 온라인 마트에서 호기심으로 주문한 두 개에 4,800원짜리를 맛본 이후로 세계가 뒤집혔다. 옥수수와 초당옥수수는 아예 다른 것이다. 대한민국에 여름이 존재하는 이유 중 하나는 초당옥수수 때문이다!

초당옥수수는 달큰이옥수수, 달콤옥수수, 설탕옥수수로 불릴 만큼 높은 당도를 자랑한다. 게다가 센 불에 푹푹 쪄서 따뜻하게 먹는 다른 옥수수와 달리 생으로도 먹을 수 있다. '옥수수를 생으로? 풋내 나지 않겠어?'라고 생각할지 몰라도 한번 먹어보면 알 수 있다. 이건 채소가 아닌 과일이라는 것을!

상큼한 과즙에 버금가는 채즙이 입안을 적시고, 알갱이를 살짝 깨물면 시원함과 달콤함이 톡 터진다. 채소 특유의 떫음이나 질김도 없어서 생으로 먹기에 부담이 없다. 아니, 초당옥수수는 오히려 생으로 먹을 때가 더 맛있다. 세로로 길게 잘라서 샐러드에 넣어 먹어도 끝내준다.

앉은자리에서 두 개를 해치우고 서둘러 재주문 버튼을 눌렀지만, 다음 날 도착한 옥수수 맛은 전날 먹은 그 맛이 아니었다. 별로 달지도 않고, 거칠게 마모된 이빨 같은 알이 옥수숫대에 듬성듬성 박혀 있었다. 뭐야, 주문을 잘못했나? 알고 보니 하루 만에 제철이 끝나버린 거였다.

초당옥수수의 계절은 짧다. 볕이 내리쬐기 시작할 즈음인 6월 초에서 7월 초까지가 피크다. 한 달 동안 바짝 맛있는 채소라니, 벚꽃만큼이나 애틋한 정서가 느껴진다. 그런데도 나는 6월이 오면 발 빠르게 옥수수 농장을 수배해볼 생각을 하기보다 여름휴가를 어디로 갈지 정신이 팔려 있어서 매해 초당옥수수가 끝물일 때에야 맛보게 된다. 지난여름에도 그랬다.

6월 말, 친구들과 제주도에 갔다. 도착하자마자 아는 동생이 사는 금능을 찾았다. 동생은 날 반기며 김이 모락모락 나는 비닐봉지를 펼쳐 보였다.

"언니, 초당옥수수 좋아해요?"

비닐봉지 안에는 전자레인지에 3분에 걸쳐 두 번 돌렸다는 샛노란 옥수수가 들어 있었다. 여린 껍질 안에 단단히 자리 잡은 옥수수를 보니 절로 탄성이 흘러나왔다. 영롱하고 탐스러운 빛깔에 손대면 톡 하고 데일 것만 같은 후끈한 매력…. 화상 따위 알 바 아니라며 재빨리 하나 집어 들었다.

"앗싸! 호루라기 불어야지!"

'옥수수=하모니카'라는 동요 공식도 잊어버릴 만큼 흥분해서 옥수수로 한참 호루라기를 불었다. 그 모습을 본 동생은 사진을 찍고, 같이 간 친구들은 내가 사는 동네 이름을 붙여서 'ㅇㅇ동 호루라기'라며 놀렸지만 내 눈엔 그저 옥수수만 보였다. 1년 만에 만난 맛은 그야말로 감개무량했다.

동생의 소개로 직접 농장에 찾아갔고, 20개들이 한 포대를 사서 제주 여행 내내 먹었다. 남은 건 여행 가방에 넣어가지고 돌아왔다. 집에 도착해 짐을 풀었더니 가방에 옥수수 냄새가 진동했다. 그래서 좋았다. 그날 이후로 끝물이 될 때까지 재주문해서 하루에 한 개 혹은 두 개씩 꼬박꼬박 섭취했다. 그런 나의 습관이 염려되었는지 하루는 제주도에 있는 동생이 문자를 보냈다.

"언니, 많이 먹으면 속 쓰리대요."
답장을 보냈다.
"어쩔 수 없다. 이미 중독됐다. 알중 아니고 옥중이랄까."

여름을 좋아하면서도 여름 먹거리에는 딱히 집착하지 않고 지내왔지만 초당옥수수를 만나고 나서는 당당하게 말할 수 있게 됐다. 초당옥수수 때문에 여름을 기다린다고. 나에게는 이게 여름 과일이라고. 아직 그 맛을 보지 못한 지인들에게는 덧붙인다. 제주 초당옥수수는 행복이야. 나오면 무조건 사야 돼. 일단 많이 주문하는 사람이 이기는 거야…. 아무도 시키지 않은 초당옥수수 전도사 역할을 자처하며 주변 사람들을 닦달하지만 결국 내가 제일 많이 사서 제일 많이 먹는다. 그러다 보면 어느새 여름이 끝나 있다.

좋아하는 게 하나 생기면 세계는 그 하나보다 더 넓어진다. 그저 덜 휘청거리며 살면 다행이라고 위로하면서 지내다 불현듯 어떤 것에 마음이 가면, 그때부터 일상에 밀도가 생긴다. 납작했던 하루가 포동포동 말랑말랑 입체감을 띤다. 초당옥수수 덕분에 여름을 향한 내 마음의 농도는 더 짙어졌다.

지금 냉동실에는 아껴둔 초당옥수수가 두 개 남아 있다. 오늘 하나 쪄 먹을까. 그럼 하나밖에 안 남는데. 생각이 이어진다. 과연 나는 오늘, 남은 초당옥수수 두 개 중 하나를 섭취해도 될 만큼 진하게 살았는가. 자신 없지만 일단 찜기에 물부터 올려놓고.

대한민국 비공식 지정 여름 음료
— 편의점 맥주

추운 계절이 오면 차가워진 손끝으로 맥주잔을 만지작대며 중얼거린다.

"이제 맥주가 맛이 없더라."

하지만 봄이 지나고 몸 구석구석 땀샘이 열리기 시작하면 겨울에 했던 말이 아무 소용 없게 된다. 그때부터 문턱이 닳도록 편의점을 드나들기 때문에. 수입 맥주 네 캔을 사기 위해서다.

수입 맥주 네 캔. 짧지 않은 이름인데도 입에 착착 붙는다. 언제부터 생겨난 정책인지 모르겠지만, 수입 맥주 네 캔 할인 행사는 대한민국 음주 문화를 바꿔놓았다. 술자리를 가질 때마다 몇 차에 걸쳐 이어지는 '오늘 먹고 죽자' 문화를 쇄신시켰고, '편맥'과 '길맥'의 유행을 선도했으며, 가본 적 없는 세계 곳곳의 맥주를 맛볼 기회를 제공함은 물론, 자신의 맥주 취향을 재발견하는 기쁨마저 안겨주었다.

친구네 집에 불쑥 놀러 갈 때, 뭘 사 가면 좋을지 고민할 필요도 없게 됐다. 각기 다른 맥주 네 캔에 적당한 안주가 담긴 비닐봉지를 내밀면 다들 반기는, 효율적인 선물 문화를 정착시켰다. 그럼으로써 나와는 다른 친구의 맥주 및 안주 취향도 알게 되고, 맥주 캔을 기울이며 우정도 도모하고, 이 얼마나 알콩달콩한 시스템인지.

어디선가 희미하게 다가오는 여름 향기를 느끼며 편의점 가는 길은 그해 첫 여름 산책이다. 그날의 모든 일정을 마치고 집으로 가는 길 중간에 편의점으로 휘익 방향을 트는 일 역시, 상상만으로도 얼굴에 미소가 번지는 그해 첫 여름 나들이다. 여름이 좋은 이유 중 하나는 그 발걸음이 좋아서다.

분명 내 취향을 알고 있다고 생각했는데, 냉장고 진열대에서 이제껏 본 적 없는 맥주를 발견할 때면 마음이 흔들린다. 무슨 맛일까? 어느 나라 맥주일까? 알코올 도수는? 패키지가 그럴듯한데? 편의점 사장님 눈치 보느라 냉장고는 열지 못하고, 유리문 위에 이마를 붙인 채 진지한 고민을 이어간다. 그런 까닭에 수입 맥주 네 캔은 매번 다른 듯 비슷한 구성으로 고르게 된다.

1. 첫 캔은 언제 어디서나 무난한 유럽산 라거 또는 필스너를 고른다. ex) 칼스버그나 1664 하늘색 말고 파란색, 하이네켄 중 하나.
2. 두 번째 캔은 가볍고 청량한 미국산 라거 중에 하나를 고른다. ex) 버드와이저나 밀러 중 하나.
3. 세 번째는 진한 풍미를 가진 맥주로 골라본

다. ex) 바이젠이나 에일 종류 중에서 하나. 솔직히 그다지 선호하지는 않음.
4. 마지막 캔은 갑자기 도전 정신을 발휘해야 겠다는 생각에, 이제껏 안 마셔봤지만 왠지 모를 카리스마가 느껴지거나 패키지가 신기하거나 낯선 나라에서 만든 맥주 중에 고른다. 다음에 같은 걸 또 고르는 일은 없음. (만나서 별로였고 다신 보지 말자.)

수입맥주네캔_구성안_최종.doc

고심해서 네 캔을 골라놓고도 아쉽다. 그럴 땐 여덟 캔을 사고 싶지만 그건 좀 오버라는 것을 스스로도 안다. 모자라면 또 사러 오면 되니까. 안 모자라도 조만간 또 사러 오게 되니까. 솔직한 심정으로는 네 캔 말고 여섯 캔 행사가 딱 좋을 것 같은데 그건 도둑놈 심보라는 걸 잘 알고 있다.

편의점에서는 보통 맥주만 산다. 안주는 마트에서 한꺼번에 사거나 인터넷으로 대량 주문한다. 버터구이 오징어 한 박스, 프레첼이나 치즈 과자 한 박스, 훈제 치즈 한 묶음, 대용량 올리브 등등. 요즘에는 락교나 백김치처럼 신맛이 나는 절임류를 안주 삼아 마시는 걸 좋아한다.

여름밤 맥주는 신속하고 깔끔하게 먹는 것을 선호하기 때문에 조리가 필요한 안주는 별로다. 기름에 볶거나 양념을 무치거나 삶거나 끓이거나 에어프라이어로 튀기는 음식은 아무리 좋아하는 사람이 와도 안 해준다. 최대한 간단한 걸로 주워 먹고 정 아쉬울 때는 떡볶이나 치킨을 시킨다.

여름이면 하루걸러 하루가 이런 식이기 때문에 재활용 쓰레기통이 금방 찬다. 분리수거를 할 때마다 상념에 젖게 된다. 나 알중인가, 폭식증인가. 둘 다. 하지만 적당히 마셔야 하는데, 라는 생각을 하기보다 운동을 더 하자, 는 결론을 낸다.

다음 날 운동을 마치고 돌아오는 길에도 어김없이 편의점에 들른다. 가끔은 맥주 대신 탄산수를 사 오는 날도 있고, 정작 사놓고 안 마시고 자는 날도 있지만 여름 내내 냉장고에는 맥주가 차게 보관되어 있고, 집에 놀러 오는 친구들도 꼭 맥주를 사 온다. 그럴 때마다 "아유, 뭐 이런 걸 다…" 하면서도 서둘러 냉장고를 열어 착착 정리해 넣고, 맥주를 함께 마시면서 비슷한 이야기를 한다.

"요즘 맥주 너무 마셔."

"괜찮아, 운동하면 돼."

여름에는 모두가 맥주로 하나가 된다. 나와 지인 대부분은 맥주 마시려고 운동을 가거나 맥주 마시려고 운동 갈 계획을 취소한다.

무더운 여름이 끝나갈 즈음이면 거짓말처럼 편의점 출입 빈도가 줄어든다. 재활용 쓰레기통에도 맥주 캔이 천천히 쌓인다. 금방 차지 않는 쓰레기통을 마주할 때나 자주 지나치게 되는 편의점을 볼 때마다 '아, 이제 여름이 끝났구나!' 싶지만 여름은 다시 온다. 그때가 되면 분명 출근 도장을 찍듯 열심히 맥주를 골라 나르고, 쓰레기 분리수거장을 들락거릴 나를 알고 있다.

간에도 휴가가 필요하니까. 내 간은 휴가를 겨울에 간다.

입고 싶은 옷을 입는다는 것
— 머슬 셔츠

유난히 추위를 많이 타는 나에게 있어 겨울은 '모든 의욕 제로'의 계절이다. 물건 사는 일에도 흥미가 싸악 사라지는데, 특히 옷을 덜 사게 된다. 겨울옷을 고르는 데 우선적으로 고려하는 사항은 보온과 무게이기 때문에, 최대한 따뜻하고 가벼운 걸로 골라 교복처럼 입는다. 친구들은 겨울이면 지독한 패션 테러리스트가 되는 나에게 옷을 좀 사러 가는 게 어떠냐고 조심스럽게, 자주 제안한다.

겨울옷은 잘 안 사다 보니까 유난히 고르기가 어렵다. 소재도 볼 줄 모르고 어떤 핏과 색상이 나한테 잘 받는지도 모른다. 특히 매장에서 옷을 입어보는 게 고역이다. 좁은 피팅룸에 들어가 속옷과 내복 위에 몇 겹씩 덧입은 옷들을 허물 벗듯 벗어야 하지 않는가. 고른 옷을 조심조심 입은 다음 거울 앞에 서서 짧은 시간 안에 살지 말지를 결정해야 하지 않는가. 그런 다음에는 벗어둔 옷을 처음부터 하나씩 다시 주워 입어야 하지 않는가. 이 과정에서 어김없이 땀과 정전기가 발생하지 않는가!

귀찮으면 몸에 대보기만 하고 살 수도 있지만, 그랬다가 나중에 집에서 대면하게 되는 '이거 어떡할 거야…' 사태는 얻다 신고할 수도 없다. 그래서 기껏 매장까지 가서 이것저것 골라놓고도 '아, 몰

라. 그냥 다 안 살래' 하며 제자리에 걸어두고 나와 버릴 때도 있다.

그런 날에는 집에서 홈쇼핑 채널을 이리저리 돌려가며 무난해 보이는 옷을 같은 걸로 두세 벌씩 색깔만 다르게 주문한다. 며칠 후 도착한 '같은 모양 다른 색깔' 옷들을 아무 감흥 없이 입는다. 몸에 딱 맞지 않아도, 색상이 어울리지 않아도 그냥 입는다. 겨울에는 구려도 상관없다. 겨울이라는 계절이 이미 구리기 때문이다.

3월쯤 추위가 풀리기 시작하면 박스에 넣어두었던 여름옷을 하나둘 꺼내 정리한다. 이때만큼은 그동안 사라진 줄로만 알았던 의욕이 샘솟는다. 바로 여름을 준비하는 시간이니까. 아니나 다를까, 겨울옷보다 여름옷이 확연히 많다. 특히 소매가 없는 티셔츠, 그중에서도 어깨까지만 천이 대 있고 옆구리는 시원하게 트인 일명 '머슬 셔츠'가 가장 많다.

나의 '여름 교복'인 머슬 셔츠에는 여러 가지 장점이 있다. 먼저 소매가 펄럭거리지 않아서 활동하기에 편하다는 점. 태양 아래 오래 머물러도 팔 아래쪽은 타고 팔 위쪽은 하얗게 남는 경계가 생기지 않는다는 점. 겨드랑이 아랫부분이 넉넉하고 사이즈도 여유가 있어 땀이 옷에 배어나거나 옷이 몸에 잘 감기지 않는다는 점. 한여름의 태양과 바람과 비와 습기와 온도를 팔 위로 고스란히 느낄 수 있다는 점. 무엇보다 시원하고 가볍다는 점.

여름엔 새로운 머슬 셔츠를 찾기 위해 쇼핑에 혈안이 된다. 나이키, 아디다스 같은 운동복 매장에서도 사고, 망고나 자라 같은 델 가도 머슬 셔츠부터 찾는다. 남자 옷을 사 입기도 한다. 아무리 여러 벌 갖고 있어도 또 갖고 싶고, 더 필요하다.

여행 가서는 주로 운동용 레깅스에 머슬 셔츠만 입고 돌아다닌다. 언제든 뛸 수 있고, 산에 오를 수 있고, 물에도 들어갈 수 있으니 여행지 패션으로 딱이다. 그래서일까. 여행에서 찍은 사진은 죄다 전지훈련 느낌이 물씬 난다.

머슬 셔츠 하면 생각나는 영화가 하나 있다. 〈타미〉라는 코미디 영화인데, 철없는 손녀딸 '타미'(멜리사 맥카시)와 계획에도 없는 로드 트립을 떠나게 된 '펄'(수전 서랜던)은 우연히 워터보트 체험장을 방문한다. 지나치게 업된 상태로 보트 라이딩을 즐기던 타미는 결국 보트와 승차장을 망가뜨린다. 그 모습을 줄곧 탐탁지 않게 지켜보던, 빨간색 머슬 셔츠를 입은 남자 직원은 둘에게 망가뜨린 보트 값을 물어내라 종용하고, 펄은 할 수 없이 모아둔 비

상금을 털어 값을 지불한다. 그러고는 분한 마음에 가판대에 진열된 물건들을 손으로 밀어 흐트러뜨리면서 쏘아붙인다.

"근육 셔츠는 근육 있는 사람이나 입는 거라고!"

그 말에 깔깔 웃던 그때의 나 역시 근육 없이 근육 셔츠를 입고 있었기 때문에 웃다가 조금 숙연해졌다. 그러지 마요. 머슬 없어도 머슬 셔츠 입을 수 있어요….

여름옷을 입을 때마다 몸에 대해 생각한다. 마음에 드는 옷 앞에서 살까 말까 망설이거나 사놓고도 못 입던 옷을 발견할 때 '입고 싶다'보다 '입어도 될까?'가 먼저 떠오른다. 옷은 예쁜데 내가 입어도 예쁠까. 팔뚝살에 탄력도 없고, 허벅지도 두껍고, 배까지 나왔잖아. 깐깐하게 내 몸을 검열하다 보면 그 옷은 나를 위한 옷이 아니라는 결론에 다다른다. 나 같은 사람이 이런 옷을 입으면 다들 이상하게 쳐다볼 거야, 정작 입고도 불편할 거야…. 결국 입고 싶은 옷은 저 멀리 치워두고, 입어도 되는 옷만 고르게 된다.

여름이 다가오면 헬스장이 분주해지고, 다이

어트하는 사람들이 느끼는 것도 같은 이유일 거다. 몇 년 전까지는 나 역시 대세에 동참하여 벗어도 괜찮을 몸을 만들기 위해 용을 썼다. 납작한 배, 셀룰라이트 없는 허벅지, 매끈한 두 팔을 위해 맛도 없는 닭가슴살을 최고로 맛있는 음식인 양 챙겨 먹었다. 저녁은 건너뛴 채 헬스장에서 지난한 싸움을 하며 생각했다. '내 마음대로 되는 건 하나도 없지만 내 몸만큼은 노력한 만큼 만들어지잖아. 적어도 몸은 거짓말하지 않잖아.'

이게 얼마나 위험한 생각이었는지 그땐 몰랐다. 몸에 대한 집착은 아름다움에 대한 강박으로 이어졌고, 여름인데도 몸매 관리를 하지 않는 사람들을 향해 부정적인 시선을 갖게 했다. 늘 '보기 좋은' 몸매를 유지하는 일이 여자로서의 자존심이라 믿었다. 어느 때고 벗을 수 있는 몸, 그럼으로써 언제고 욕망당할 수 있는 몸. 그때의 내 몸은 나의 것이 아닌, 누군가에게 선택받기 위한 물건이었다.

매일 운동과 식이조절을 하며 날씬한 몸 만들기에 집착해도 내 몸은 결코 마음에 들지 않았다. 어딘가 부족해 보였고, 더 노력해야 할 것 같았다. 늘 배가 고팠고 신경이 곤두서 있었다. 진짜 나를 위한 거라면 이렇게 불편한 게 맞나? 나는 뭘 위해 이러고 있는 거지?

　외모를 가꾸는 일은 전적으로 나의 의지이며 자기만족이라고 주장해봐도 이미 세상은 여자들에게 거대한 거울이다. 그 안에 둘러싸여 살다 보면 자신을 있는 그대로 받아들이기 어렵다. 자기 몸을 미워하게 되거나 스스로를 대상화하게 된다. 어제보다 오늘 더 아름다워지고 싶고, 예쁘다는 평가를 자주 듣고 싶어진다.

　가끔 생각한다. 나는 무인도에서도 얼굴에 화장하고 다이어트를 할까? 아무도 나에게 아름답다, 멋지다 이야기하지 않아도 열심히 꾸밀까? 대답은 노. 그렇다면 외모를 꾸미는 시간을 줄여야겠지. 우리에게 더욱 필요한 건 꾸밀 자유가 아닌 꾸미지 않을 자유니까.

　이제는 여름을 앞두고 헬스장에 출근 도장을 찍지 않는다. 예쁘고 날씬해 보이는 몸매를 만들기 위해 노력하지도 않으며, 그런 몸매를 받쳐줄 작고 딱 붙는 옷을 사지도 않는다. 그저 계절마다 하고 싶은 만큼만 운동하고, 맥주를 한두 캔 정도 줄이려 노력하고, 몸보다 큰 옷을 골라 입는다. 무엇보다 나를 위해서 그렇게 한다. 욕망당하지 않아도, 아름답다고 인정받지 않아도 나는 나로서 충분하다는 것을 이제야 조금씩 알아간다.

 좋아하는 여름이 오면 좋아하는 머슬 셔츠를 꺼내 입는다. 그걸 입고 숲길을 걷고, 달리기를 하고, 바닷가로 떠난다. 어떤 옷을 입을 때 가장 편안한지를 깨닫고 나니 내 몸이 그 옷에 합당한지 아닌지는 따지지 않게 되었다. 자연스레 다른 사람들이 어떤 옷을 입는지도 신경 쓰지 않게 되었다. 내 몸을 샅샅이 검열하는 일을 끊고 나니 남의 몸 역시 검열하지 않게 됐다.

 좋아하는 옷을 아무렇지 않게 입게 되기까지 많은 시간이 걸렸다. 그리고 이제는 옷에 몸을 맞추던 때로 돌아갈 수 없다. 나에게 있어 머슬 셔츠는 그만큼 묵직한 의미가 있는 옷이다. 좋아하는 무언가에 대해 나의 자격을 떠올리지 않는 일, 더불어 타인의 자격 역시 판단하지 않는 일. 그것만큼 가뿐한 자유가 없다는 것을 한여름 머슬 셔츠를 꺼내 입을 때마다 실감한다.

여름만 되면 엄습하는 패배감이 있다
―수영

여름만 되면 기대감이 무한 팽창하지만 패배감도 그만큼 부풀어 오른다. 수영 때문이다. 물을 무서워하고, 수영을 못하고, 수영을 배워야겠다고 다짐하지만, 15년째 실천하지 못하는 사람이 여기 있다. 수영을 동경하지만 수영할 엄두는 못 내는 겁쟁이, 그렇다면 물놀이 따위 깨끗이 포기하면 될 텐데 그러지도 못하는 미련한 인간이 나다.

여름에 떠나는 여행지에는 대체로 바다나 수영장이 있다. 두 눈을 가늘게 뜨고 바라만 보기에는 억울하고, 아깝고, 안타까운 풍경이다. 나도 남들처럼 서둘러 수영복으로 갈아입고서 물속으로 다이빙하고 싶고, 수영장 이 끝에서 저 끝까지 횡단하며 가쁜 숨을 몰아쉬고 싶은데 그러지 못한다. 할 수 있는 건 거기가 수영장인지 온천인지 분간 안 갈 정도로 몸을 푹 담그고 발만 까딱거리는 것, 기껏 들어가놓고도 수영장 테두리를 붙들고 이러지도 저러지도 못하는 것, 물안경을 쓰고 잠수한 다음 호흡이 끊기기 직전까지만 버티는 게 다다. 어떤 수영장에 가든 유아용 풀에서 가장 안정감을 느끼고, 바닷가에서도 모래밭 근처만 어슬렁댄다.

그런 내 모습이 안타까웠는지 수영할 줄 아는 친구들은 얼른 배우라고, 하나도 안 어렵고 재미있을 거라고 하지만 다 잔소리로 들린다. 누군가의 조언이 곱게 들리지 않는 이유는 몰라서 안 하는 게 아니라, 알지만 하기 싫어서 혹은 못해서 괴롭기 때문이 아닌가. 수영을 못해서 아쉬운 건 누구보다 나 자신이 아니겠냐 이 말이다.

여름이 시작되면 가슴 밑바닥에서부터 패배감이 올라온다. 이번에도 여름이 주는 즐거움의 7할만을 누리게 될 거라는 걸 알아서다. 여름을 아이돌 그룹으로 친다면 물은 센터를 담당하는 핵심 멤버이므로, 물을 즐기지 못하는 나는 그룹에 속해 있든 탈퇴하든 티 안 나는 멤버, 즉 카메라 원샷은 한 번도 못 받는 존재감 없는 1인인 것이다. 그걸 알면서도 대체 왜 그렇게 수영을 배우기 싫은 걸까. 이유를 생각해봤다.

1. 모르는 사람들과 함께 무언가를 배우는 게 내키지 않는다(단체 활동을 질색함).
2. 수영 수업에 등록하는 순간, 물속에 정기적으로 들어가야 하는 게 싫다(물에는 1년에 다섯 번 정도만 들어가면 된다).
3. 나랑 안 맞는 선생님을 만날까 봐 걱정된다(가르치는 사람을 타는 예민한 성격).

4. 수영하기 전에 샤워하고, 수영한 다음 또 샤워를 해야 하다니, 왜죠(어차피 물에 젖을 몸을 물로 씻고 말린 다음, 그 몸을 물에 실컷 적시고, 이미 젖은 몸을 물에 씻은 다음 다시 말리는 절차의 비합리성이 이해가지 않는다)?

    무언가가 하고 싶은 이유는 보통 한 가지이지만 하기 싫은 이유는 열 가지 넘게 꼽을 수 있다. 아무도 물어본 적 없는 수영 배우기 싫은 이유가 이렇게 줄줄 나오는 걸 보면, 배우기 싫어도 너무 싫은 것이로구나.

    그렇다고 아쉬움이 없지는 않아서 더운 나라로 여행 가서 눈뜨자마자 수영장으로 달려가는 사람들을 볼 때면 마음 한구석이 아려온다. 더위에 지친 오후, 몸에 들러붙은 땀과 열기를 수영으로 털어내는 사람들을 보노라면 난 여기까지 와서 뭘 하고 있나 싶다. 이렇게 자꾸 구질구질하게 굴 거면 역시 수영을 배워야 하나 싶고. 만약 수영할 수 있게 된다면 어떤 이점이 있을까. 한번 생각해봤다.

1. 물에 빠져도 살 수 있다.
2. 여름이라는 계절이, 여름 나라로 가는 여행

이 더 풍성해진다.
3. 인생이 전반적으로 더 재미있어진다.

뭐야. 겨우 세 개뿐이잖아? 이걸 변명 삼아 결국 수영을 안 배우기로 결정하는 나. 그래놓고도 여름마다 똑같은 고민을 반복하는 나. 그래서인지 여름에는 유난히 수영하는 꿈을 자주 꾼다. 꿈에서 나는 별도의 기구나 누구의 도움도 없이 망망대해를 인어처럼 유영한다. 바닷속을 자유자재로 누비며 온갖 신기한 생물들과 우정도 나눈다. 그런 날은 잠에서 깨고 나면 그렇게 허무할 수가 없다. 그야말로 '한여름 밤의 꿈'을 꾼 것 같아서.

그러나 나는 올해도 여름의 7할만을 즐길 것이고, 또 한 번 안타까워할 것이고, 그럼에도 수영을 배우지 않을 것이다. 대신 물에서 즐길 수 있는 다양한 편법을 독학하고, 각종 물놀이 도구를 사 모으며, 물속에서 머무는 시간을 미세하게 늘려갈 것이다. 아쉬움에 입맛이 다셔지긴 하지만 그럼 뭐 어때. 나는 물을 무서워하지만 물놀이는 좋아해. 수영을 못하지만 수영장에 가는 건 좋아해. 세상에는 이런 사람도 있어.

나와 같은 생각을 가진 사람들과 여름마다 수

영장 근처에 있는 중국집에서 정모를 하고 싶다. 여름이 되면 수영하고 싶지만 수영을 못 하고, 그러면서도 결코 수영을 배우지 않는 사람들의 모임이다. 모임 이름은 '수수수'. 일종의 자조 모임인데 언젠가는 수영할 수 있게끔 서로를 응원하는 모임이 아니라, 아무리 시간이 지나도 수영을 배우지 않게끔 서로의 발목을 잡는 모임이다. 모일 때마다 각자 수영에 대한 열망, 자괴감, 울분 등을 맘껏 쏟아놓고 서로의 감정에 공감하고 위로하면서 중국 음식과 맥주를 막 먹고 마신다. 도중에 수영할 수 있게 되거나 배우기 시작한 사람은 자동 탈퇴 처리되는 모임인데, 가입하고 싶은 분은 손들어주세요.

특별한 날에는 백화점 과일 코너에 간다
— 샤인머스캣

한 해 한 해 살아가면서 몸으로 깨닫게 되는 삶의 지혜 같은 것들이 있다. 사람은 고쳐 쓰는 게 아니다, 쎄한 느낌이 드는 사람은 초반에 피해야 한다, 정드는 것만큼 무서운 게 없다 등등 주옥같은 명언 중에서도 요즘 철석같이 믿고 있는 건 "과일은 비싼 게 맛있다"다. 평소 '비싼 물건=안 사는 물건'이라는 공식을 외고 다니는 알뜰한 나지만, 그 말만큼은 겸허히 받아들이려 한다. 하지만 비싼 과일을 매일 사 먹을 수는 없어서 적어도 축하할 일이 있을 때만큼은 백화점 과일 코너에 간다.

    백화점에서 장을 볼 때마다 내가 가진 부와 명예에 대해 생각한다. 길게 생각할 필요도 없이 부와 명예 같은 건 있지도 않은 미물이기에, 우아한 척 카트를 끌면서도 눈으로는 대폭 할인 상품만 찾는 짓을 반복한다. 긴 시간 두리번거리게 되는 곳은 과일 코너다. 투명하고 단단한 플라스틱 용기에 랩으로 짱짱하게 포장된 복숭아, 포도, 아보카도를 쳐다보고 있노라면 성공하자, 고 다짐하게 된다. 매일 백화점에서 과일을 사 먹는 삶, 과연 어떤 삶일까? (질문 아님.)

    평소 마트나 재래시장, 인터넷에서 산 과일은 맛있을 때도 있지만 어떨 때는 아무 맛이 안 나기도

해서 맛의 평균을 내기가 어려웠다. 혼자 사니까 과일 한 봉지를 사더라도 다 먹는데 2주일이 넘게 걸리고, 썩어서 버리는 일도 많아 스멀스멀 자기합리화를 하게 됐다. 싸게 사도 맛이 없거나 다 먹지 못해 버릴 거라면, 비싸게 사서 맛있게 다 먹는 게 더 현명한 소비 아닐까?

그런 이유로 특별한 날에는 백화점에서 과일을 사다 먹는다. 며칠 연속으로 원고를 열심히 썼다거나 새 책을 계약했다거나 덩치 큰 업무를 마무리했다거나…. 스스로 최선을 다했다고 자부하는 날이 이에 속한다. 또 생일이나 생일이었으면 좋겠다 싶은 날 혹은 생일이라고 생각하면 기분이 좀 나아질 것 같은 날 등 뭐라도 자축하거나 분위기를 끌어올리고 싶을 때도 가장 먹고 싶은 걸로 사 와서 가능한 한 혼자 먹는다. 맛있는 것은 혼자 먹을 때 가장 맛있다.

여름에 가장 자주 먹고 싶어지는 과일은 단연 샤인머스캣이다. 샤인머스캣을 처음 알게 되었을 때 '망고 포도'라고 불린다는 말에 망고를 좋아하지 않아서 잠깐 망설였지만, 제일 좋아하는 과일이 포도라서 소문만큼 그렇게 달고 상큼한지 확인해보고 싶었다. 게다가 어디서든 비싼 과일이기에 백화점에서 산다 해도 그렇게 큰 출혈이 아닐 거라는 판단이 섰다.

이 책 출판계약서에 도장을 찍은 날, 부푼 마음을 안고 백화점에 갔다. 과일 코너 진열대에는 무른 데라고는 없어 보이는 과일들이 세로로 서서 우아한 자태를 뽐내고 있었다. 이것도 예쁘고 저것도 좋아 보이고, 구경하는 것만으로도 기분이 들떴다. 한참 들여다본 다음 2만 5,000원짜리 샤인머스캣 한 송이를 집어 들었다.

계산하는 동안 스스로가 자랑스러워서 견딜 수가 없었다. 여러분, 보세요! 제가 백화점에서! 이렇게 과일을! 그것도 샤인머스캣을! 구! 입! 하! 는! 사람입니다! 집으로 돌아오는 길에도 몇 번이고 소리치고 싶었다. 마치 그 시간 전체를 신용카드로 긁고 온 것 같았다. 2만 5,000원짜리 행복. 행복은 돈으로 살 수 없다지만 행복한 시간은 가끔 돈으로 살 수 있다.

집에 돌아와 식초 물에 잠깐 담가놓은 다음 한 알 한 알 정성스레 씻었다. 아무리 소중하게 다뤄도 후드득 떨어지는 송이송이 포도송이에 마음이 아렸지만 그만큼 달아서, 잘 익어서 그럴 것이라는 믿음이 위로가 됐다. 드디어 정성껏 씻은 포도 알 하나를 입에 넣고 깨물자마자 일어나는 온몸의 경련은… 아니, 이 맛은… 이 세상 맛이 아니다…! 그동안 내가 먹어온 포도는 포도가 아니었다! 거봉도 물러가라! 샤인머스캣은 과일의 혁명이다! 나 열심히 살게! 돈 많이 벌게! 이런 거 계속 먹기 위해서 최선을 다할게!!

그날 이후 '축하할 일이 있는 날=샤인머스캣 사 먹는 날'이라는 새로운 공식이 완성되었다. 그래서 어떻게든 축하할 일을 하나라도 더 만들어 백화점 과일 코너 앞을 기웃거린다. 한 송이를 사면 사나흘은 먹을 수 있으니까, 가장 싱싱해 보이는 걸로 골라 와서는 혼자, 다, 먹는다.

응축된 단맛을 짧고 굵게 만날 수 있는 여름 과일이 생겨서 기쁘다. 샤인머스캣이 있어 더 열심히 살고 싶어졌다. 집약적인 노동 후 맛보는 달고 상큼한 열매. 그 열매를 또 만나고 싶다는 생각에 무더운 날에도 의자에 엉덩이를 바짝 붙이고 일한다.

잘한 일에 대한 보상은 스스로가 주는 것이다. 보너스나 인센티브는커녕 그 흔한 연봉조차 없는 나 같은 프리랜서에겐 작지만 즉각적인 보상이 더욱 절실하다. 그래야 더 열심히 한다. 그래야 더 잘 얻어먹을 수 있다, 나한테.

우리의 여름방학
— 호캉스

후배들과 여름휴가로 가기로 했던 교토 여행을 취소했다. 셋이서는 처음 하는 외국 여행이 될 터였는데, 이런저런 사정이 발목을 잡았다. 며칠을 들떠서 나누곤 했던 수다가 뚝 끊긴 카톡 채팅방에는 서늘한 침묵만이 감돌았다. 그러다 며칠 뒤.

— 호캉스라도 가면 안 됩니까?

후배 ㅇ가 못 참겠다는 듯 한마디 던졌다. 나머지 둘은 기다렸다는 듯이 대꾸했다.

— 돼!

— 무족권이죠.

채팅방은 호사스러운 바캉스, 즉 호캉스에 대한 계획으로 다시 분주해졌다.

그날부터 숙박 예약 사이트를 들락거리며 서울에 있는 호텔을 검색하기 시작했다. 여기는 3인실이 없으니 패스, 여기는 동네가 내키지 않으니 패스, 여기는 가격이 터무니없으니 패스, 또 여기는 조식 뷔페가 없으니 패스. 이것저것 따져가며 두 곳을 골랐고 하룻밤씩 이틀을 묵기로 했다.

모름지기 호캉스란 호텔에서 머무는 시간이 길면 길수록 이득이지만, 우리는 그 대신 서울 여행을 하기로 했다. 나고 자란 사람에게조차 낯설 만큼 빠르게 변하는 서울을 여행자의 마음으로 즐기기로 한 것이다. 합의에 이르자 취소한 여행은 기억도 안 날 만큼 신선한 두근거림이 밀려왔다. 마치 우리 셋만을 위한 여름방학이 곧 시작되는 느낌이었다.

어렸을 적, 여름방학을 앞두고 가장 설렜던 순간은 하루 일과표를 만들 때였다. 8절 스케치북에 커다란 동그라미 하나를 그리고 칸을 나눠 할 일을 적는 시간 말이다. 이렇게 말하고 나니 자연스레 연륜이 묻어나는데, 내가 초등학생 때는 초등학교를 국민학교라고 불렀고, 방학을 앞두곤 생활 계획표를 만들어 학교에 제출해야 했다. 나같이 섬세한 감성의 소유자들은 담임선생님한테 내는 공식적인 계획표 외에 개인적으로 사용할 계획표를 따로 만들었다. '공부하기'나 '숙제하기' 대신 '잠자기'와 '놀기' 등으로 이루어진 헐렁한 계획표를 바라보는 것만으로도 마음이 넉넉해졌다.

우리의 작은 여름방학 준비도 비슷했다. 날도 더운데 욕심을 버리자, 설렁설렁 돌아다니자, 라는 말을 늘어놓으면서도 어딜 가고 뭘 먹을지 서로 의견을 조율하는 데 꽤나 어수선했다. "난 아무 데나 좋아" 해놓고도 누가 "여기 갈까요?" 하면 "거길 꼭 가야만 하나?" 이러고, 한 사람이 "이런 데도 있다고요" 제안하면 또 다른 사람이 "거기 맛없어요"로

찬물을 끼얹는 식이었다. 그러면서도 곧 다가올 시간이 기대되어서 채팅창은 매일 아침저녁으로 시끌벅적했다.

나로 말하자면 여행 전에 치밀하게 계획 짜는 일을 결코 안 하는 성미라 두 사람이 아이디어를 내면 마치 팀장인 양 "오케이", "그건 좀…" 하면서 결재만 했다. 그러면서도 속으로는 다짐했다. 꼰대가 되지 말자. 선배라고 편한 것만 하려고 하지 말자. 후배들의 이야기를 더 많이 듣자. 실제로는 어땠는지 모르겠다. (얘들아, 대답하지 마….)

2박 3일의 여름방학 첫날엔 연희동 일대를 돌아보았다. 메밀 100퍼센트로 면을 만든다는 '호천식당'에서 불고기 메밀국수 세트로 아점을 먹고, 커피 좋아하는 사람들이 엄지척한다는 '매뉴팩트'에서 플랫화이트를 마시고, '금옥당'에서 양갱을 사고, 빵과 커피와 개가 함께 있는 '카페 콘하스'에서 수다를 떨었다. 작열하는 태양 아래를 휘청휘청 걸어 다니면서도 왜 이렇게 덥냐는 불평보다 왜 이렇게 시간이 금방 지나가는 거냐는 탄식을 더 많이 했다.

저녁에는 숙소로 돌아와 ㅇ의 깜짝 생일 파티를 했다. ㅇ이 씻으러 들어간 사이, 풍선을 불어 벽에 붙이고 종일 티 나게 들고 다녔던 선물을 꺼내놓았다. ㅇ이 서둘러 샤워를 마치지 않기를 기원하며 준비하는 동안 나와 ㅈ은 엄청 두근두근했지만, 잠시 후 머리에 타올을 두르고 나타난 ㅇ의 반응은 예상보다 덤덤해서 조금 좌절했다. 하지만 결과적으로는 뜻깊은 시간이었다(고 해두자).

둘째 날은 아침에 일어나 호텔 조식을 양껏 먹고, 남창동에 있는 갤러리 '피크닉'에 갔다. 전시를 구경하고 나서 한남동 일대를 돌아보았다. 주말 한남동에서 줄을 서지 않고는 커피 한 잔, 도넛 하나 사 먹는 것도 쉽지 않았다. 폭염주의보가 발효된 날이었음에도 음식점이나 카페에 들어가기 위해 계속 긴 줄을 서야 했다. 입안에 짧게 머무는 맛을 보기 위해 한 시간 동안 무더위를 견디며 기다리는 것은 젊음인가 열정인가, 아니면 집착인가.

핫 플레이스는 긴 시간을 기다렸다가 가게에 들어가는 '순간'을 위한 장소인 것 같다. 정작 경험하고 나면 '어휴, 이거였어?' 싶지만 그래도 가봤다는 스탬프를 찍는 일. 단, 스탬프는 한 번이면 족하다. 사흘 동안 수많은 핫 플레이스를 들락거렸지만 한 번 더 방문하고 싶은 곳은 없었다. 거기 있는 사람들은 비슷한 옷을 입고, 비슷한 신발을 신고, 비

숱한 메뉴를 먹고 있었다. 그 광경이 몹시 기이하게 느껴져서 앉아 있는 시간이 길어질수록 엉덩이가 들썩거렸다. 내가 즐기지 못하는 핫 플레이스는 핫 플레이스인가 아닌가. 나는 핫 플레이스에 어울리는 사람인가 아닌가. 정답은 둘 다 아니다.

밤늦게 새로운 숙소로 들어온 우리는 마지막 밤을 그냥 보내기 아쉬워 편의점에서 다량의 맥주와 안주를 사 와서 〈캠핑클럽〉을 봤다. 나에게는 그 시간이 이번 여름방학의 하이라이트였다. 오랜만에 모인 핑클 멤버 네 명이 캠핑하는 모습을 여름휴가를 함께 보내고 있는 우리 셋이 나란히 앉아 보는 것. 휴가를 계획하기 전부터 상상해온 장면이었는데 이루어져서 기뻤다. 영상이 끝난 뒤에도 우리는 "이렇게 자기에는 아쉽다고요!"를 외치면서 새벽까지 맥주를 사 나르고, 온갖 이야기를 늘어놓으며 잘 시간을 뒤로 미뤘다.

마지막 날은 느지막하게 일어나 커피로 아침을 연 다음 '을밀대'에 가서 아점으로 냉면을 먹었다. 그다음에는 을지로 카페 투어를 했다. '호랑이 커피'에서 아이스카페라테를 마시며 남다른 고소함이 어디서 온 것인지를 탐구하고, 당근케이크가 맛있다고 소문 났지만 실제로는 놀랄 만큼 맛이 없어서 넋이 나가게 만든 카페에서 입을 삐죽댔다.

　해가 지고 각자의 집으로 돌아갈 시간이 왔다. 하지만 우리는 여행이 이렇게 끝나버렸다는 사실을 받아들일 수 없어서 짐을 맡겨놓은 호텔 로비에 앉아 헤어지는 시간을 연장했다. 다들 말이 없었다. 1년 동안 이번 휴가만을 기다렸을 즈은 누구보다 가라앉아 있었다. 웃지도 않고, 계속 착잡한 표정만 짓다가 어깨를 축 늘어뜨린 채 돌아갔다. 나 역시 지하철을 타고 집으로 가는 동안, 며칠간 곁을 채우던 목소리가 싹 사라져 완전히 혼자가 된 기분이었다.

　사흘을 함께 지내면서 많은 이야기를 나눴다. 침묵이 편안한 순간도 있었지만 서로에 대해 조금씩 더 알게 된 대화들이 기억에 남았다. 한 공간에서 그만큼의 시간을 통째로 같이 보낸 건 처음이었는데, 내가 알고 있던 그 애들과 다르지 않아서 좋았다. 우리의 서울 여행은 특별했지만, 그 여행을 한 우리는 평소와 다르지 않았다는 것. 그 점이 제일 좋았다.

　그런데 아무리 생각해봐도 우리가 한 건 호캉스가 아니었다. 호텔에서는 잠만 잤고, 너무 긴 시간을 줄 서는 데 할애했으며, 뙤약볕 아래서 하루에 1만 5,000보씩 걸어 다녔다. 덕분에 금세 피곤해졌고, 밤이 되면 눈꺼풀이 무거워서 눈이 안 떠질 지경이었다. 부족한 잠은 폭식으로 채웠다. 종일 무언가를 먹으면서 하는 여행이어서 계속 배가 부른 상태였지만 꾸역꾸역 새로운 걸 먹으러 다녔다.

 한참 지나서야 알았다. 호캉스는 호사스러운 바캉스가 아니라 호텔에서 하는 바캉스라는 것을. 어쩐지 안 호사스럽더라. 아니, 따지고 보면 호텔에서 하는 바캉스도 아니었잖아. 그런 의미에서 나는 진정한 호캉스를 경험하지 못했다. 다가오는 여름에 한 번 더 해볼까. 호텔에 처박혀서 수영장에도 가고, 룸서비스도 시켜 먹고, 피트니스 클럽도 이용하는 진짜 호캉스를 계획해볼까?
 그때도 ㅇ과 ㅈ이 함께한다면 또 한 번의 특별한 여름방학이 시작될 것 같다.

여름으로부터 온 사람
— 전 애인

만나기 전부터 두 사람은 서로에게 호감을 느꼈다. 며칠 뒤 밥 먹고 차 마시고 영화 보고 술 한잔하는, 첫 번째 데이트를 했다. 한 사람은 문밖을 나서자마자 집에 가고 싶어 하는 사람이지만 그날만큼은 그러지 않았다. 다른 한 사람은 어색하지만 기꺼운 시간을 보내는 동안 두 사람이 잘될 것 같다고 예감했다. 둘은 다음 날에도 만났다.

　언젠가 사계절 따뜻한 도시에 사는 사람들이 가진 느긋함과 긍정적인 성격에 대해 말하는 트윗을 본 적이 있다. 어떤 궂은일 앞에서도 "괜찮아, 별일 있겠어? 한바탕 웃음으로 넘겨보자!" 하는 사람들이라 만성 걱정러들로서는 대략 난감하다는 내용이었다. 그의 성격이 딱 그랬다. 그는 사계절이 여름인 데서 나고 자란 사람, 내가 좋아하지 않을 수 없는 성격을 가진 사람이었다.

　일이 잘 안 풀리거나 기분이 축 처져 있을 때마다 그는 어깨를 으쓱하며 잘 해결하길 바란다고 말했다. 왜 그렇게 성의 없는 말을 하냐고 물으면 입꼬리를 반쯤 내리며 그랬다.

　"네가 속상하면 나도 속상하잖아. 그런데 또 내가 속상하다는 얘기를 하면 너도 속상하잖아."

　말 안 되는 듯 말 되는 그 말에 피식 웃으면 이

렇게 덧붙였다.

"웃었다. 널 웃기다니 기뻐."

그는 노래 부르는 걸 좋아했다. 최신곡은 하나도 몰랐고, 들어본 적 없는 옛날 노래만 불렀다. 그것도 자기 입맛에 맞게 멜로디와 템포, 가사를 이리저리 바꿔 불렀다. 굳이 분류하자면 음치에 속하는 사람이었지만, 틈날 때마다 노래를 흥얼거렸고 나에게도 자주 불러주었다. 엉망진창인 노래를 듣고 있으면 절로 웃음이 났다. 기분이 가라앉을 때마다 그가 보낸 노랫소리를 들었다.

여름에 익숙한 사람임에도 그는 늘 땀을 흘렸다. 이렇게 땀을 많이 흘리는데 내내 여름인 나라에서 어떻게 버텼을까 싶었다. 그를 만날 때마다 손수건을 챙겼다. 나는 별로 쓸 일 없는 손수건을 갖고 다니면서 그의 이마부터 목까지 흐르는 땀을 닦아주었다. 그럴 때마다 그는 마치 시원한 물줄기를 맞고 있는 듯 만족스러운 표정을 지었다. 그 얼굴을 매일 보고 싶어서 부지런히 손수건을 챙겨 다녔다.

본격적인 더위가 시작되기 전, 경주로 짧은 여행을 갔다. 대릉원의 파릇파릇한 능들을 바라보고, 저녁에는 동궁과 월지에 구석구석 묻어 있는 여름 냄새를 맡았다. 황리단길 담벼락 앞에서 사진을 찍고 찰보리빵에 차가운 아메리카노를 마셨다.

    집으로 돌아오는 길, 운전에 서툰 나는 경주에서 서울까지 오랜 시간 운전 하느라 신경이 곤두서 있었는데, 옆에 앉은 그는 음악을 바꿔 틀면서 따라 부르다 꾸벅꾸벅 졸기 시작하더니 결국 숙면에 빠져버렸다. 그 모습에 이를 악물다 웃고 말았다.

    날 좋은 주말이면 치킨을 사 들고 한강에 갔다. 돗자리를 펴고 앉아 카드놀이를 하다가 졸음이 느껴지면 아예 드러누웠다. 아이들 뛰어노는 소리가 서서히 작아지고 희미해지는 사이에 깜빡 잠이 들었다.

    더위가 한풀 꺾인 밤에는 가벼운 운동화를 신고 나가 한강을 따라 달렸다. 땀을 식혀주기엔 미지근한 바람이었지만 집으로 돌아오는 길은 봄밤처럼 상쾌했다.

    어느 오후에는 나뭇잎 사이사이로 햇살이 비치던 창경궁의 비원을 걸었다. 손꼽아 기다리던 여름휴가는 여기보다 더 더운 방콕에서 보냈다. 또 다른 여름날에는 자작나무 숲을 걸으며 에어컨보다 시원한 나무 바람을 맞았다.

    장마철이 다가올 즈음 그가 말했다.

    "작년에 장마가 길었잖아. 진짜 매일매일 비가

왔어. 그때 얼마나 기분이 가라앉았는지 몰라."

나는 말했다.

"올해 여름은 괜찮을걸. 내가 있잖아."

그는 무슨 말을 해야 할지 모르겠다는 듯 소리도 내지 않고 한참 웃었다.

좋아하는 계절을 닮은 사람과 좋아하는 계절을 함께 보낼 수 있다는 게 좋았다. 그동안 혼자로도 충분했던 여름의 순간들이 한 사람으로 인해 다른 색깔을 덧입는 느낌이었다. 하지만 알고 있었다. 여름이 끝나듯 이 사랑도 끝이 날 거야. 난 다시 혼자가 되고 싶어 할 거야.

그와 함께하는 시간이 길어질수록 내 세계가 조금씩 좁아지는 느낌이 들었다. 연애에 서툰 나는 누군가를 만날 때마다 내가 마음에 안 든다. 늘 무리하고 애쓰고, 그러다 보면 꼭 지친다. 그저 사랑받고 싶어서 내가 아닌 다른 사람을 연기하는 기분이 든다. 외롭다는 이유로, 버림받고 싶지 않다는 이유로 언제까지 이 짓을 계속해야 할까. 사랑에 매달리는 일보다 중요한 건 내가 나로서 제대로 서 있는 일이 아닌가.

같이했던 것들을 이제는 혼자 해보고 싶었다. 분명 허전하겠지만 그게 더 나을 것 같았다. 사랑이

식었다는 한마디로 정리하기에는 석연치 않았지만, 그 말 아니고는 이 마음을 설명할 길이 없었다. 그래서 먼저 용기를 내기로 했다.

 헤어지자고 먼저 말을 꺼낸 사람은 그날부로 쌍년이 됐다. 늘 웃기만 하던 사람이 이렇게 변할 수 있다는 사실을 뒤늦게라도 알게 되어 다행이었다. 그래도 이별은 아픈 것. 매일 울기 위해 한강에 갔고, 울지 않기 위해 달렸다. 그러는 사이에 여름이 끝났다. 가을은 버텼고, 겨울은 견뎠다.

 이제는 문득 그가 떠올라도 이내 마음은 잔잔해진다. 여름을 좋아하는 내게 여름 하면 떠오르는 한 사람이 더 생겼다는 건 그래도 웃을 일 같다.

 안녕. 나에게 잊지 못할 여름을 선물해줘서 고마워. 누군가를 너만큼 좋아할 수 있을지는 모르겠지만 다시는 그런 사람을 못 만난다 해도 상관없을 것 같아. 나는 너와 함께 있을 때의 나보다 혼자인 내가 더 마음에 들거든.

 잘 살아라. 나는 더 잘 살게.

하늘이랑 바다 빼면 없다
— 괌

실연 후에는 도망치고 싶다. 집에 있어도, 밖에 나가도 꼬리에 꼬리를 무는 생각에 울적해진다. 친구들을 만나서 자초지종을 늘어놓는 것도 피곤하고, 아무렇지 않은 척하고 싶지도 않다. 그냥 혼자 있고 싶다. 여행이나 갈까.

그러나 혼자 여행을 가서 벌어질 일들이 쉽게 연상되었다. 여기가 서울 내 방인지 호텔 방인지 분간이 안 될 정도로 침대에 파묻혀 있겠지. 딱히 갖고 싶지도 않은 물건을 마치 안 사면 큰일 날 것처럼 사들이며 사라지지 않는 공허함을 달래겠지. 입맛이 없다는 이유로 끼니는 건너뛰면서 술집 구석에 웅크리고 앉아 알코올로만 배를 채우겠지. 이 모든 걸 반복하고 나서 '나 여기 왜 왔지?'라는 자괴감에 허덕이다가 일정을 앞당겨 집으로 돌아오겠지. 이런 짓, 한두 번 해보나?

무엇보다 좋아하는 계절을 슬픔으로 보내고 말았다는 사실에 착잡했다. 간신히 붙들고 있는 여름의 끝을 우울로 허비하기에는 아까웠다. 그래서 두 친구와 급하게 여행 계획을 세웠다.

경제적, 시간적 상황을 따져보니 딱 일주일 여유가 생겼다. 비행시간이 길지 않고, 경비가 저렴하며, 사는 데랑 다른 곳이면 될 것 같았다. 아, 그리고 무조건 더운 곳이어야 해. 그래서 나와 한 친구는 한 번도 가보지 않았고, 다른 한 친구는 예전에 한 번 가봤지만 어땠는지 잘 기억이 안 난다는 괌으로 정했다.

그렇게 5박 6일 괌 여행이 시작되었지만, 나는 전날까지 실연의 상처에 허덕이며 혼자 울고불고 생쇼를 하고 나서 공항으로 향했다. 리무진 버스 안에서 내다보는 인천국제공항고속도로의 풍경은 멀쩡한 사람도 센티하게 만드는 재주가 있는데, 한참을 멍하게 바라보다 보니 점점 버스 의자에 몸이 파묻혀지면서 또 한 번 질질 짜게 됐다. 하지만 여행을 앞두고 한껏 설렌 친구들 앞에서 우는 모습을 보일 수는 없었으므로, 물기 어린 눈을 급속 건조시키고 비행기에 올랐다.

네 시간 반을 날아서 괌에 도착했다. 입국 심사가 오래 걸리기로 유명하다더니, 아니나 다를까 눈앞에는 이제껏 본 적 없는 기나긴 줄이 기다리고 있었다. 차례를 기다리는 내내 '괌 못 오겠네'를 연발하던 우리는 도착한 지 한 시간 반이 지나서야 공항을 빠져나올 수 있었다. 밖은 어느새 저녁이었고, 추적추적 비까지 내리고 있었다.

택시를 타고 숙소로 향하는 길에서 이미 여행에 깃든 망조를 어렴풋이 실감할 수 있었다. 창밖으로 보이는 풍경은 하나같이 별 볼 일 없었다. 인적 없는 거리에 쓰러져가는 상점과 쓰러져갈 예정인 건물들만 줄줄이 이어졌다. 우기에 접어든 괌의 모습은 가이드북에서 본 그것과 달랐다. 하지만 막 시작된 여행의 분위기를 망치고 싶지 않아서 입을 다물었다. 친구들도 나와 같은 생각을 했는지 택시 안에는 깊은 적막이 감돌았다.

가이드북에 따르면 괌의 호텔들은 대체로 오래되었다는데, 우리가 묵게 될 호텔도 마찬가지였다. 낡은 엘리베이터를 보면서 혼자 탔으면 무서웠겠다 싶었다. 체크인하고 올라간 객실 상태가 생각보다 괜찮아서 조금 안심했지만, 이윽고 바닥에 때가 꼬질꼬질한 카펫이 깔린 걸 본 친구들은 질색팔색하며 비치된 슬리퍼를 신었다.

세 명으로 예약한 방이었는데도 슬리퍼는 두 켤레뿐이었고, 이미 하나씩 다 꿰 신은 친구들은 안타까운 얼굴로 나를 쳐다보고 있었다. 그 눈빛에 슬리퍼를 양보할 마음은 추호도 없다는 결의가 서려 있었다. 나도 슬리퍼 신고 싶은데… 그러려면 프런트에 전화를 걸어서 영어로 이야기해야 하잖아, 그런데 그럴 에너지는 없잖아. 그러니 "난 괜찮아"라고 말하고는 두 발을 최대한 바닥에 덜 닿게 하려고 열 발가락을 옹송그리며 걸었다. 발끝에서부터 정수리까지 피로가 몰려왔다.

점심을 건너뛴 데다 저녁 먹을 시간도 한참 지나 있었기 때문에 일단 밥을 먹으러 나가기로 했다. 한인 택시 기사님이 추천해준 숙소 앞 이탈리안 레스토랑에 가보니 1990년대 한국 패밀리레스토랑에 온 것처럼 시대착오적인 활기가 느껴졌다. 식당을 가득 채운 사람들은 한국인 반, 일본인 반이었다. 명동인 줄 알았네. 하지만 텐션을 끌어올리고자 서둘러 음료수 세 개, 식사 다섯 개를 시켰다.

주문한 음식은 모두 양이 많고 너무 느끼했다. 배가 심하게 고팠기 때문에 꾸역꾸역 먹긴 먹었지만 계속 "김치 없나요?", "피클도 안 주나요?" 같은 우리한테만 들리는 혼잣말을 하면서 먹었다. 아무리 열심히 먹어도 양은 줄지 않고 속만 점점 더 느끼해져서 항복을 외치고 싶었다. 최선을 다해 먹었지만 음식은 남았고, 그걸 본 점원이 사랑스러운 표정으로 물었다.

"싸 가실래요?"

우리는 격하게 손사래 치며 외쳤다.

"노 땡큐!"

괌에서의 첫 끼를 마친 우리는 다시 말을 잃었다. 그래놓고도 처진 분위기를 띄워 보겠다며 슈퍼마켓에서 온갖 먹을거리를 사 와서 호텔방에 거하게 상을 차렸다. 하지만 그것 역시 딱히 맛없지도 맛있지도 않아서, 마치 기계처럼 손을 움직여 음식물을 입으로 가져가는 일만 반복했다. 천년의 침묵 속에서 음식물을 씹다가 서로의 얼굴을 쳐다보며 소리쳤다.

"지상낙원이라는 괌에 와서 우리는 지옥을 맛보고 있죠!"

다음 날 아침, 다시 한번 파이팅을 도모하자는 의미로 쇼핑에 나섰다. 호텔이 줄줄이 늘어선 투몬베이 맞은편에는 쇼핑센터가 여러 개 모여 있었는데, 아무리 샅샅이 살펴도 딱히 살 만한 게 없었다. 괌의 쇼핑센터를 둘러보면서 서울이 얼마나 쇼핑하기 좋은 도시인지를 깨달았다.

이쯤 되면 여러분의 괌 여행을 철저히 막고자 쓴 글 같지만, 괌에도 끝내주는 게 있긴 했다. 바로 하늘과 바다다. 괌의 바다 색깔은 눈까지 청량해지는 에메랄드빛에다 물은 깨끗하고 부드러워서 두

손으로 떠 마시면 블루 레모네이드 맛이 날 것 같았다. 잘 관리된 모래밭은 촉감이 고와 걷기에 좋았고, 수심도 완만하고 모난 돌멩이나 바위도 적어서 물놀이를 즐기기에 안전했다. 멀리서 바라보면 마치 달력 사진처럼 완벽하게 아름다워서 아침에 눈 뜨자마자 커튼을 걷어 바다를 구경하는 게 큰 즐거움이었다. 엿새를 머무는 동안 매일 다른 바다를 만날 수 있었다.

하늘 역시 기가 막혔다. 한 하늘에 뭉게구름과 양떼구름이 동시에 떠 있었다. 비 개고 난 후에는 '파란 하늘의 좋은 예' 같은 하늘을 볼 수 있었다. 일몰이 시작될 때에는 시시각각 변하는 하늘에 빨주노초파남보 색깔이 모두 깃들어 있어 왜 선셋 바비큐가 괌의 주력 관광상품인지 알 것 같았다. 괌, 괜히 왔나 싶은 생각이 들 때마다 하늘이랑 바다를 봤다. 어디서도 본 적 없는 것 같은 풍경 앞에서 낭만이라는 단어가 절로 떠올랐다. 그러면서도 알았다. 괌에는 하늘과 바다 말고는 없다는 것을.

불평만 잔뜩 했지만 결과적으로는 친구들과 함께한 여행이어서 많이 웃을 수 있었다. 갑자기 기분이 다운되어 입을 꾹 다물어버리는 모습을 모른 척해주고, 뭘 권해도 내켜 하지 않던 나를 그러려니

해준 친구들. 운전하는 걸 두려워하는 나에게 딴지 한 번 걸지 않고 묵묵히 운전대를 잡아준 것도 고마웠다. 좋아하는 이들과 함께하는 여행은 어딜 가도 가치 있다는 걸 새삼 느꼈다.

    하지만 여행을 마치고 집으로 돌아가는 리무진 버스에서 또 울고 말았다. 슬픔은 대출금 같은 것이다. 애써 모른 척, 괜찮은 척해봐도 그 자리에 그대로 있다. 자꾸 외면하거나 도망쳐봤자 이자만 눈덩이처럼 불어난다. 그저 실컷 슬퍼하는 것으로 착실히 상환해나갈 수밖에 없다.

    헛헛한 마음을 잠깐이나마 달래고 싶어 떠났지만 여행은 힘이 없었다. 특히 괌은 더 힘이 없었다. 나는 괌으로 떠나기 전과 똑같은 모습으로 한참을 슬퍼하다가 일이라도 해야지 싶어 꾸역꾸역 책상 앞에 앉았다.

    책상 위에는 괌에서 사 온, 괌의 하늘과 바다가 담긴 엽서가 놓여 있었다.

나도 누군가에게 꼭 필요한 사람
— 식물

무언가를 돌본다고 생각하면 책임감과 부담감부터 느끼는 내가 귀찮아하지 않고 키우는 게 있는데 바로 식물이다. 지금 집으로 이사하면서 들인 식물 두 개가 있다. 목표는 하나였다. 죽이지 않는 것.

어느 봄날, 장 보고 돌아오는 길에 화분을 늘어놓은 트럭이 서 있었다. 눈으로 확인하지 않고 인터넷으로 사자니 찜찜하고, 멀리 있는 화원까지 차를 몰고 가는 것도 내키지 않아서 식물을 파는 노점을 만날 때마다 반갑다. 저절로 걸음을 멈추고 뭐라도 하나 들이고 싶어 두리번거리게 된다. 그럴 때 유용한 질문은 하나다.

"뭐가 잘 커요?"

그날 내가 많이 없어(?) 보였는지 아저씨는 어른 무릎 위로 오는 식물 하나를 가리키며 말했다.

"돈 벌게 해주는 거 들여가세요. '금전수'. 관리 못 해도 잘 커요."

개업 선물로 인기 있는 식물이라고 했다. 그날 우리 집 첫 번째 식물, 금전수를 들였다.

아저씨 말대로 꼼꼼하게 관리해주지 않아도, 물 주는 걸 까먹어도 하루가 다르게 자랐다. 1년 전쯤 분갈이를 해주었는데 가지가 넓게 퍼지고 키도 크는 중이라 조만간 가지 지지대를 세우고 화분도 더 큰 걸로 갈아야 할 것 같다. 진초록색 이파리는 늘 건강한 빛깔로 반들반들해서 쳐다볼 때마다 내 피부까지 윤기가 도는 느낌이다.

    두 번째 식물은 '트리안'이라고도 불리는 '뮤렌 베키아'다. 넝쿨을 따라 작은 잎이 조르륵 이어지고, 마치 모발이 자라는 것처럼 하늘을 향해 새잎을 피우는 모습을 바라만 봐도 힐링이 된다. 물을 좋아하고 생명력이 강하지만 잎이 얇은 편이라 뙤약볕에 방치했을 때는 금세 시들해지거나 누렇게 변하고, 덩굴이 엉키고 꼬이면서 새잎이 돋아나기 때문에 가끔 줄기와 뿌리를 정리해주어야 한다.

    식물에게 여름은 반가우면서도 모진 계절이다. 강한 햇볕에 잎이 타버리기도 하고 흙의 수분도 빠르게 날아간다. 장마철에는 습기가 차면서 흙에 곰팡이가 생기거나 뿌리가 썩는다. 물을 너무 많이 주어도, 적게 주어도 좋지 않기 때문에 여름철일수록 실내로 들여놓기, 밖에 내놓기, 유리창 안쪽에서 간접 햇볕 쬐어주기 등을 성실하게 수행해야 한다.

    이제는 긴 시간 집을 비울 일이 생기면 덜컥 식물 걱정부터 된다. 집 안에 들인 채 창문을 닫고 가면 빛을 못 볼 테고, 창문 밖으로 놔두자니 흙이 말라버리거나 바람이라도 세게 불면 쓰러질 테니까. 그렇다고 며칠에 한 번 집으로 와서 물 줄 사람을 구하자니 빈집에 누군가 정기적으로 들어온다는 게 내키지 않아서 결국 장기 여행은 '음… 관둘까?' 하게 된다. 내가 이렇게 식물을 좋아하는 사람이었나? 점점 그런 사람이 돼가고 있는 것 같다.

덕분에 우리 집 식물들은 매일 조금씩 자라고 있다. 가지치기나 영양제 주기, 분갈이 등을 성실하게 하지 않는 식물 초보 앞에서도 딱 자기들의 속도만큼 건강하게 자라준다. 그렇게 제자리에서 묵묵히 위로 향하는 식물을 볼 때마다 내 안에도 비슷한 새싹이 자라는 것 같다. 그래, 각자가 가진 속도는 다 다르지. 아끼는 누군가의 성장을 기다리는 마음으로 바라보게 된다.

머릿속이 복잡한 날은 화분 두 개를 욕실로 들고 가 샤워기로 흠뻑 물을 준다. 내 몸을 씻을 때보다 꼼꼼하게 물을 뿌리고, 물 빠지기를 기다리고, 다시 물을 주고, 물 빠지기를 기다리는 일을 반복한다. 그러다 보면 마치 누군가가 내 머릿속에다 샤워기로 물을 뿌려주는 것처럼 머릿속이 개운해진다. 식물에 물 줄 때는 속으로 혼잣말을 한다. 시원하니? 물 더 필요하니? 잘 크고 있네. 사는 동안 누군가에게 듣고 싶었던 말들을 떠올리면서 나라는 사람의 쓸모를 깨닫는다.

"내가 누군가에게 필요한 사람이라는 사실이 사람을 살게 하는 것 같아."

며칠 전에 친언니가 이런 말을 했다. 아무도 나를 필요로 하지 않는다는 생각이 들면, 사람은 나락으로 떨어지게 되는 것 같다고. 타인과 주고받는 애정도, 직업적인 성취도, 누군가를 도와주며 느끼는 만족감도 결국 다 '나는 이 세상에 필요한 사람'이라는 실감을 위한 것 같다는 언니의 말을 한동안 곱씹게 됐다.

되돌아보면, 이 세상에 나를 필요로 하는 사람이 없다는 허무함이 밀려들 때마다 식물이 눈에 들어왔다. 말 못하는 생명이지만 물을 주고, 분갈이하고, 햇빛을 쏘여주면서 적어도 얘들에게는 내가 꼭 필요한 사람이라는 사실을 실감할 수 있었다. "나는 너에게 꼭 필요한 사람이니?" 대놓고 하기 멋쩍은 그 말을 누군가에게 하는 대신 식물을 돌봤다.

그동안 내가 식물에 쏟은 정성은 누군가에게 받고 싶은 관심이나 애정이었을지도 모른다. 그래서 은퇴했거나 자식들을 집에서 떠나보낸 어르신들이 매일 아기 돌보듯 식물을 가꾸는 걸까. 우리 아빠도 그러시는데. 세상을 살아가는 데 '나는 이 세상에 필요한 존재'라는 믿음은 꼭 필요하다.

    내가 여름을 좋아하는 것처럼, 우리 집 식물들도 여름을 좋아하는 것 같다. 더운 날, 흐린 날, 비 오는 날, 바람이 부는 날 모두 있는 종합선물세트 같은 계절이니까. 여름날 한껏 에너지를 충전한 식물들은 추운 겨울이 되어도 실내에서 잘 버틴다. 날씨가 좋은 날은 유리창 안쪽에서 간접 햇살을 맞으면서, 그것만으로도 만족스럽다는 듯 꾸준히 자란다.

    하루하루 조금이라도 앞을 향해 가는 발걸음, 나도 누군가에게 꼭 필요한 존재라는 깨달음, 춥고 지루한 어둠 속에서도 따스한 햇살을 기다리는 마음. 그런 것들이 사람을 하루 더 살게 한다는 걸 우리 집 식물들이 내게 가르쳐주고 있다.

책은 안주다
— 혼술

술은 누군가와 함께 마실 때 가장 맛있다고 말하는 사람들을 보면 조금 아리송하다. 나는 그냥 술이 좋은데. 사람은 그렇게 좋지가 않다. 그래서 집에서 하는 혼술을 선호한다.

집에서 즐기는 혼술의 제일가는 매력은 먹고 싶은 것을 혼자서, 조용히, 다 먹을 수 있다는 것이다. 오로지 나만을 위해 좋아하는 술을 사고, 취향에 맞는 안주를 마련해 눈치 보지 않고 마실 수 있다. 그 누구도 만족시키지 못하는 절충형 안주(예를 들어 골뱅이 소면)를 시키지 않아도 되고, 그 누구도 해치지 않을 이야기(주로 상사나 회사 욕, 불행 배틀)를 어떻게 적절하게 골라 나누어야 할지 고민할 필요도 없다. 영화를 보면서 마시고, 스마트폰을 만지작거리면서 마시고, 짝이 안 맞는 안주를 늘어놓고 마시기도 한다. 가끔 노래를 크게 틀어놓고 따라 부르기도 한다. 김광진의 〈편지〉를 따라 부르다가 훌쩍이고, 갑자기 혼잣말하면서 목놓아 울고…. 그렇게 분위기가 난리도 아니게 될 때도 있다.

여름엔 집 밖에서도 가끔 혼술을 한다. 술을 파는 카페나 '나 술집이오!'를 강하게 주장하지 않는 술집일수록 좋다. 커다란 출입문이나 창문을 활짝 열어놓은 가게 한구석에 앉아 마음에 드는 책을 읽으면서 마시는 맥주나 와인 한 잔. 여름날 책과 함께 마시는 혼술은 여름을 더욱 여름답게 만들어 준다.

지금은 없어진 합정동 '빨간 책방'의 1층 바 자리가 좋았다. 생맥주 종류도 다양했고, 음악도 적당한 크기로 흘렀고, 판매용으로 구비된 책도 많아서 읽을 책을 챙겨 가지 못한 날은 그곳에서 사 읽었다. 거기서 여러 번 혼자 책맥을 했다.

어느 여름 저녁, 안드레 애치먼의 『그해, 여름 손님』(잔)을 읽으며 해 지는 걸 기다리던 시간이 생각난다. 두 눈으로는 열심히 책 속 문장을 좇으면서도 여름의 설렘을 흠뻑 머금은 바깥 공기에 가슴이 울렁거려서 같은 페이지만 반복해 읽던 기억이 남아 있다.

역시 지금은 없어졌지만, 상수동 주차장 골목에 있던 '별 바(Bar)'도 좋았다. 여름이 시작되면 건물 2층에 있는 가게는 모든 창문을 활짝 열어놓곤 했는데, 창가 자리에 앉아서 창틀에 한쪽 팔을 걸쳐 놓고 해 지는 걸 바라보며 맥주를 홀짝이던 시간이 얼마나 소중했는지. 오늘은 조용히 책 좀 읽어야겠다고 마음먹고 가도 번번이 창밖 풍경에 시선을 빼앗겨, 책은 가방 밖을 빠져나오지도 못했다.

몇 해 전 여름에는 도쿄에서 혼자 와인을 마셨다. 그즈음 일본에서는 무슨 이유에서인지 안초비를 베이스로 만든 소스에 생채소를 찍어 먹는 바냐 카우다가 유행하고 있었다. 나도 꼭 한 번 맛보고 싶었지만 마땅한 가게를 찾을 수 없었는데, 도쿄역 근처 '마루비루(丸ビル)' 위층, 술집과 레스토랑이 모여 있는 곳에서 바냐 카우다를 파는 와인 바를 발견했다. 언뜻 봐도 고급져 보여서 혼자 가기에는 용기가 필요했지만, 어렵게 찾은 기회를 포기하고 싶지 않은 마음에 애써 당당한 척 걸어 들어갔다.

편안해 보이는 자리 하나를 골라 앉은 다음 가게 안을 둘러보니, 넓은 홀에 손님은 달랑 나 하나뿐이었다. 멋쩍음을 숨기려 메뉴판부터 들여다봤다. 잔술로 파는 와인이 여러 종류 있었고, 가벼운 안주나 식사 메뉴도 다양하게 구비되어 있었다. 크으, 아무래도 나는 술집을 고르는 데 소질이 있는 것 같네. 가만히 감탄하며 스페인 까바(Cava) 한 잔을 주문했다.

기포가 발랄하게 올라오는, 영롱한 금빛을 띤 차가운 까바로 목을 축인 다음 설레는 마음으로 바냐 카우다를 시켰다. 그 김에 프랑스산 샴페인도 한 잔 주문했다. 잠시 후, 음식과 샴페인이 도착했다.

차게 한 어린 뿌리채소와 부드러운 잎채소가 커다란 접시 위에 풍성한 정원처럼 차려져 있었고, 옆에는 진득하고 따끈한 안초비 소스가 작은 그릇에 담겨 있었다. 아삭아삭하면서 단맛이 도는 채소의 식감은 시원하고 시큼한 샴페인과 잘 어울렸다.

어느 정도 배를 채우고 문고본을 펼쳐 읽었다. 혼자 여행할 때는 가방에 늘 책을 한 권씩 넣어 다니면서 시간에 공백이 생길 때마다 읽는다. 여행지에서 책을 읽으면 존재만으로도 안정감을 주는 누군가가 내 옆에 딱 붙어 있는 느낌, 내 기분을 정확히 아는 친구와 나란히 앉아 있는 느낌이 든다. 얼마 전에 책을 읽다가 그 느낌을 그대로 묘사한 구절을 만났다.

문고본은 여행의 필수품이다. 특히 나는 대체로 혼자 여행을 떠나 시간이 넘친다. 그러니 가져간 책은 마치 함께 여행하는 친구 같은 존재다. 그 책이 나에게(혹은 여행하는 장소에) 맞지 않으면 약간 비참한 기분이 든다. 방대한 시간, 나 홀로 남겨진 것 같은 불안과 고독이 뒤섞인 기분을 계속 질질 끌고 가게 된다.*

밖에서 혼술을 할 때는 취하지 않기 위해 조심한다. 취해버리면 무사히 집에 돌아오는 일로 골치가 아파지니까. 그래서 한 잔 정도가 적당한데, 더운 날씨에 나른해진 몸으로 바 구석에 앉아 있다 보면 평소에는 음료수처럼 느껴지던 한 잔도 알코올로서의 존재감을 드러낸다. 점점 알딸딸해지는 머리로 책을 읽으면 아무리 눈을 부릅뜨고 읽어도 내용이 희미해지기 마련이라, 그때 읽은 책은 모르는 이야기들로 남는다. 나중에 그 책을 다시 읽어볼 때면 생각한다. '내가 이 책을 읽은 적이 있다고?' 그렇게 또 한 번 새로운 독서가 시작된다.

올여름에는 책 한 권 들고 언제든 혼술하러 갈 수 있는 동네 술집을 찾아볼 거다. 나중에는 기억도 안 날 책을 열심히 읽고, 틈틈이 해도 그만 안 해도 그만일 생각도 하면서 나 자신과 독대 좀 해야겠다. 여름은 그러기 위한 계절이니까. 곁에 책이라는 안주가 있다면, 그 시간은 더욱 기꺼울 거다.

* 가쿠타 미쓰요, 『보통의 책읽기』, 조소영 옮김, 엑스북스, 2016.

평양냉면도 아니고 함흥냉면도 아닌
— 옥천냉면

몇 년 전부터 대한민국에 평양냉면 열풍이 불기 시작하면서 '진짜 냉면=평양냉면'이라는 분위기가 형성되었다. 자연스레 '평양냉면 좋아하는 사람=진정한 미식가'라는 편견마저 생겼을 정도다. 나 역시 흐름에 발맞추고자 여러 평양냉면집을 기웃거리며 재료 본연의 슴슴한 맛, 그 안에 깃든 감칠맛을 느껴보려 애썼다. 그 과정을 통해 진정한 미식가의 면모를 갖춰가고 싶었다. 나도 그들처럼 음식을 한 숟갈 떠먹을 때마다 있는 힘껏 잘난 척하고 싶었다.

결론부터 말하자면 실패했다. 아무리 먹어도 익숙해지지 않았다. 맨 처음 '을밀대'에서 먹었던 물냉면은 '이거 왜 먹는 거야? 맛'이었는데, 육수는 금방 미지근해지는 데다 싱거우면서도 느끼했다. 면은 텁텁하고 툭툭 끊겨서 씹는 맛이 없었다. 하지만 같이 간 친구들이 너무나 맛있게 먹고 있어서 차마 그 말을 입 밖으로 꺼내지 못했다. 식초와 겨자를 잔뜩 넣고 곁들여 나오는 무절임을 한 젓가락에 하나씩 올려 먹는 사투 끝에 한 그릇을 끝내는 데 성공했다. 억지로 비운 냉면 그릇을 내려다보면서 생각했다. '평양냉면은 인내의 맛인 걸까.'

그다음 '우래옥'에 갔을 때는 일단 어마어마한 양에 놀라고, 동치미에 사골 육수가 실수로 들어간 것 같은 국물 맛에 한 번 더 놀랐다. 아무리 먹어도 줄지 않는 면의 양에 좌절하면서도 한 그릇을 다 먹긴 했지만, 헛배만 잔뜩 부른 느낌이었다. 가게를 빠져나오자마자 석연치 않은 위장을 다른 음식으로 눌러주고 싶은 마음에 같이 간 친구에게 떡볶이나 김말이 좀 먹어야겠다고 우겼다.

이후에도 맛있기로 유명하다는 평양냉면집을 찾아다니며 내 인생의 '반려평냉'을 만나보려 했지만 처음 먹었을 때처럼 '이건 내 맛이 아니다'라는 사실만 재확인하게 되었다. 그렇지만 도전을 포기할 수는 없었다. 왜냐하면 평양냉면을 맛없다고 이야기하는 데에는 용기가 필요했기 때문이다. 평양냉면은 일부 쿨한 자들이 애정하는 메뉴가 아닌가.

사람은 유행을 따르지 않아도 살 수 있다. 하지만 유행을 따르고 싶어도 따르지 못하는 이의 마음은 외로워진다. 이게 가장 난감한 부분이라고 할 수 있는데, 나는 평양냉면 맛을 모른다는 이유로 여름이 올 때마다 일정량씩 외로웠다. 평양냉면을 떠올릴 때나 '평냉 먹으러 가자'는 제안을 받을 때마다 왠지 지는 기분이 들었다. 평양냉면에 대해 이야기하면서 황홀한 표정을 짓는 사람들을 보면 속으로 치, 하게 됐다.

　사람을 그렇게나 꽈배기로 만들 정도라면 평양냉면 말고 함흥냉면을 먹으라고 말할 사람이 분명 있을 것 같은데, 함흥냉면을 좋아한다고 말하는 데에도 용기가 필요하다. MSG 맛, 자극적인 맛만을 좇는 뭘 먹을 줄 모르는 사람처럼 보이기 때문이다. 비록 내가 함흥냉면을 좋아하기는 하지만 함흥냉면만 먹을 줄 아는 사람처럼 보이고 싶지는 않은 그런 마음 뭔지 아시죠. 함흥냉면은 일종의 길티 플레저라서 몰래 먹게 된다. 그래서 더 맛있고.

　어느 날, 즐겨 보는 예능 프로그램 〈맛있는 녀석들〉에서 '시청자 추천 맛집─냉면 특집'이 방송되었다. 유튜브 라이브를 통해 시청자들이 실시간으로 추천하는 전국 곳곳의 냉면집을 출연자들이 찾아가 먹는 내용이었다. 그 방송에서 개그맨 유민상 씨가 먹으러 간 냉면이 눈에 띄었다.

　시원하면서도 달콤한 육수가 특징이라는 황해도식 냉면. 1952년에 영업을 시작해 4대째 운영 중인 그 집 물냉면을 먹고 유민상 씨는 기나긴 소회를 늘어놓았다.

　"어흑! 이거 내 스타일이야. 어후, 다르다, 아

예 달라. 평양냉면하고는 아예 달라, 아예! 입안이 깔끔해. 텁텁함 이런 거 하나도 없이!"

그 누구보다 MSG에 길들어 있는 매콤보이 유민상 씨가 극찬한 냉면이라니 나에게도 맞을 것 같았다. 어쩌면 저 냉면이 이제껏 이어온 평양냉면과의 사투를 끝내게 해줄지도 모른다! 그가 냉면에 곁들여 먹었던 두툼한 완자도 먹어보고 싶다!

며칠 후 친구 ㄹ과 양평에 갔다. 차로 한 시간 반을 달려 도착한 '옥천냉면 황해식당'은 커다란 강당 크기의 규모였는데, 이미 그 안에 사람들이 자리를 차지하고 앉아 냉면을 먹고 있었다. 그 광경에 가슴이 뛰었다. 서둘러 자리를 배정받아서 물냉면 하나와 비빔냉면 하나, 완자 반 그릇을 주문했다. 가슴이 또 한 번 뛰었다.

주문하자마자 나온 완자는 마치 수플레 팬케이크처럼 두툼했다. 동그랑땡 두세 개를 합쳐놓은 것 같은 크기라 젓가락으로 들기에 조금 무거울 정도였다. 한 입 맛보니 입안 가득 돼지고기의 풍미와 식감이 느껴졌는데, 비린내나 느끼함이 전혀 없었다.

곧이어 냉면이 나왔다. 나는 비빔냉면을, 평양냉면 마니아인 ㄹ은 물냉면을 시켰는데, 둘 다 맛보고서야 여긴 물냉면이 진리라는 사실을 절절히 깨달았다. 메밀과 고구마 전분을 섞어서 만든 면은 밀면이나 쫄면처럼 두께가 있어 쫄깃쫄깃하면서도 평양냉면 특유의 담백함이 살아 있었다. 돼지고기로만 우려냈다는 육수는 부드럽고 시원한 데다 끝 맛은 조금 달아 심심하지 않았다. 여러 번 먹어보니 간장 맛이 났는데 아니나 다를까 식당 벽에 육수의 간은 천일염과 조선간장으로 한다는 안내문이 붙어 있었다. 육수는 감칠맛 나는 면발과 잘 어울렸고, 면처럼 얇고 가늘게 채 썰린 오이 역시 면하고 궁합이 좋았다.

비빔냉면에 대해서는 굳이 설명하지 않겠다. 그다지 큰 특징이 있는 맛이 아니었고 여기서는 물냉면을 먹어야 하기 때문에. 만약 방문한다면 물냉면을 사람 수대로 시키고, 고기를 좋아한다면 완자 한 접시를 시키는 게 좋겠다. 평소에 비빔냉면을 선호하거나 비빔냉면 맛에 호기심이 인다면 하나만 시켜 나눠 먹을 것을 추천한다. 나의 경우 물냉면 한 그릇에 완자 한두 개를 먹으니, 충분히 잘 먹었다 싶었다. 물냉면에는 겨자와 식초를 넣지 않고 처음에 나온 그대로 먹는 것이 제일 맛있다.

평양냉면도 함흥냉면도 석연치 않은 나 같은 사람에게는 옥천냉면이다. 평양냉면과 함흥냉면의 장점만을 합쳐놓은, 유연하면서도 개성적인 냉면이니까. 집에서 차로 한 시간 반을 달려가야만 맛볼 수 있다는 점도 매력으로 다가온다. 자주 만나지 못하기 때문에 느껴지는 애틋함은 옥천냉면만의 비법 다대기 같은 것. 오직 냉면 한 그릇을 먹기 위한 한여름의 양평행은 어느 여름 축제보다 반가운 이벤트다.

무엇보다 기쁜 사실 하나는 나에게도 여름에 꼭 챙겨 먹어야 할 냉면이 생겼다는 것. 그래서 덜 외롭다.

+

얼마 전, 인터넷에서 우연히 『아무튼, 여름』에 나온 냉면집이라며 올라온 글을 보았다. 하지만 그 집이 아니었다. 내가 매년 여름이 오면 찾는 곳은 '옥천냉면 황해식당 본점'이다.

여름을 완성하는 것
— 치앙마이

치앙마이에서 석 달을 지내다 온 적이 있다. 표면적으로는 아무런 방해물 없이 원고 작업을 하기 위해서라고 했지만, 당시는 다방면으로 방황하던 시기여서 그게 어디든 사는 데만 아니면 될 것 같았다.

그때는 구질구질한 현실을 잊기 위해 방구석에 틀어박혀 영화만 봤다. 이미 본 영화를 보고 또 봤다. 그중 하나가 〈러브 액츄얼리〉였는데 영화 속 모든 이야기가 현실과 지나치게 동떨어져 있어서 보다 보면 묘한 환각 상태에 빠져들었다. 영화에 등장하는 다양한 캐릭터 중에서도 콜린 퍼스가 연기한 제이미의 이야기에 특히 몰입됐다.

작가인 제이미는 아내의 불륜 현장을 목격하고 충격을 받아 포르투갈의 작은 마을에 있는 별장으로 떠난다. 그가 겪게 된 사연은 둘째 치고 아름다운 자연에 둘러싸여 글쓰기에 몰두하는 모습이 참으로 멋져 보였다. 나도 언젠가는 저렇게 낯선 곳에 틀어박혀 글 쓰고 싶어, 일에만 몰두하며 현생에 대한 억눌린 감정을 떨쳐버리고 싶어….

당시엔 눈만 뜨면 눈물이 났다. 길을 걷다 보면 누군가의 발길에 짓밟히고 말라비틀어져 바람에 쓸려다니는 낙엽이 꼭 나 같았다. 걸음마다 따라오는 은행 구린내가 내게서 나는 냄새 같았다. 가만히 앉아 있다가도 신경질이 솟구쳤고 틈만 나면 가까운 사람들에게 화가 치밀었다. 지금 생각하면 우울증이었던 것 같다. 내가 가야 할 곳은 치앙마이가 아니라 병원이었던 것 같다.

그럴 때일수록 현실을 받아들이고 싶지 않은 법. 그래서 도망치기로 했다. 이렇게 우울한 것은 다 날씨 때문이다. 가을바람이, 겨울 공기가 나를 이 지경으로 만든 것이다. 일단 햇살이 따뜻한 곳으로 가기만 하면 다 좋아질 거라 믿었다. 지금 나에게 필요한 건 여름이야. 뜨거운 무언가야. 고민 끝에 한 번도 가보지 않은 태국 북부 도시 치앙마이를 택했다. 이유는 두 가지였다. 여름 나라니까. 또 물가가 싸다고 하니까.

인터넷에서 알아보니 치앙마이의 창푸악이라는 동네에 한 달 방세가 우리 돈으로 17만 원이 채 안 되는 원룸 아파트가 있다고 했다. 길거리 포장마차에서 파는 쌀국수 한 그릇에 15바트라니 우리 돈으로 600원 정도, 볶음밥이 20바트 정도 한다니까 우리 돈으로 800원쯤. 세 끼를 다 밖에서 사 먹는다 해도 한국에서 생활하는 비용보다는 저렴할 것 같았다. 그래, 따뜻한 곳에 가서 석 달만 지내다 오자. 루틴을 만들어서 원고 작업도 차근차근 해보자.

이 계획을 들은 친한 언니가 말했다.

"그럼 나 잠깐이라도 같이 갈래."

그 말에 2인분 여행을 예약해뒀는데 갑자기 언니가 급한 일이 생겨 갈 수 없게 됐다. 그 덕에 같이 예약한 숙소에서 2주 동안 혼자 지내게 됐다. 허전한 마음을 안고 방콕 경유 치앙마이행 비행기에 올랐다. 그런데….

태국은 사계절 다 여름인 나라 아니었나? 때는 12월이었는데 치앙마이 공항에 도착해 숙소로 가는 길, 살갗 위로 한기가 느껴졌다. 현지인으로 보이는 사람들 중에는 털모자를 쓰고 오리털 파카를 입은 이도 있었다. 트렁크에 잔뜩 챙겨 온 한여름 옷들과 수영복이 쓸데없는 짐짝이 되어버렸다. 도착하자마자 긴팔 옷과 수면 양말을 사려고 낯선 상점가를 두리번거렸다.

동행이 있었다면 가라앉은 기분을 다독이면서 여기도 가보고 저기도 가봤겠지만, 혼자 썰렁한 바람을 느끼며 돌아다닐 마음이 들지 않았다. 어딜 가도 추웠고, 무얼 봐도 잡생각만 났다. 열기를 느끼고 싶어 온 곳인데 구석구석 황량하고 싸늘하기만 했다. 관광객이 바삐 움직이는 도시 한가운데에서 나 혼자 왕가위 영화의 주인공처럼 망연히 서 있는 느낌. 그래서 가급적 밖에 나가지 않고 숙소에만 처박혀 있었다.

그럴 때일수록 영화에서 콜린 퍼스가 그랬던 것처럼 원고 작업에 전념하면 될 텐데, 그러고 싶진 않아서 호텔방 벽에 기대 창밖만 바라봤다. 창문 너머로는 수영장이 내려다보였는데, 얼마나 추운지 얼씬거리는 사람 하나 없었다.

며칠 뒤, 나 있을 때 치앙마이 여행을 하겠다며 또 다른 친구 두 명이 오기로 했다. 반가운 마음에 공항까지 마중을 나갔고 함께 배낭 여행자다운 숙소로 거처를 옮겨 처음으로 치앙마이를 여행했다. 마치 이십대 때 홍대 길바닥에서 그랬던 것처럼 쓰러질 때까지 술을 마시고, 혼자서는 엄두를 못 낸 음식을 같이 먹고, 쇼핑도 하고, 한국말로 실컷 떠들고…. 오랜만에 친구들을 만나자 앓고 있는 줄도 몰랐던 향수병이 치유되는 느낌이었다.

당시 내 상태가 안 좋다는 것을 알고 있던 친구 하나는 한국으로 돌아가면서 노래 하나를 들려주었다. 노리플라이의 〈끝나지 않은 노래〉라고 했는데, 가만히 듣고 있으니 점점 눈물이 차올랐다. 단지 노래 한 곡 권했을 뿐인데 갑자기 심각해진 내 얼굴 앞에서 친구는 타이르듯 말했다.

"우리 가면, 이거 들으면서 운동해."

친구들이 떠나자마자 헬스장에 등록했다. 매일 아침 눈 뜨자마자 헬스장까지 좀비처럼 걸어가 〈끝나지 않은 노래〉를 반복 재생하며 러닝머신 위를 달렸다. 노래가 있어 다행이었다. 요즘도 여름이 되면 그 노래와 함께 달린다. 들을 때마다 그때 생각이 나서 마음이 꿀렁댄다.

월세 17만 원짜리 아파트는 볕이 잘 들고 조용했다. 주변에 카페와 식당은 물론 대형 마트와 백화점도 있어서 혼자 생활하기에 어려움이 없었다. 어느새 치앙마이의 짧은 겨울이 끝나가고 날씨도 점점 따뜻해지고 있었다.

남은 기간 편안히 작업하면서 잘 지내다 갈 수 있을 것 같았지만 결국 그러지 못했다. 꾸역꾸역 혼자 밥 먹고, 글 쓰고, 운동하고, 장 보면서 툭하면 외로웠다. 생각해보면 그때 했던 모든 건 한국에서도 충분히, 아니 더 잘할 수 있는 일이었는데 왜 멀리까지 가서 그러고 있었을까. 대체 그때 나는 뭘 원했던 걸까.

그 시절 내가 그리워한 건 여름이 아니라 여름의 나였다. 여름만 되면 스스로를 마음에 들어 하는 나, 왠지 모르게 근사해 보이는 나, 온갖 고민과 불안 따위는 저 멀리 치워두고 계절만큼 반짝이고 생기 넘치는 나를 다시 만나고 싶었다. 하지만 이미 마음이 겨울인 사람은 여름 나라에서도 겨울을 산다. 손 닿는 것 모두 얼음으로 만들어버리는 〈겨울왕국〉의 엘사처럼, 싸늘한 마음은 뜨거운 계절조차 차갑게 만들어버린다.

 그 경험을 통해 알게 되었다. 여름을 완성하는 건 계절이 아닌 마음이라는 것을. 그때 나는 그 어디서든 여름을 즐길 준비가 되어 있지 않았던 거다.

 어느새 치앙마이는 인기 여행지가 되었다. 몇 년 전까지만 해도 직항편이 없었고, 비행기 티켓도 비싼 편이라 여행하기 부담스러웠는데 이제는 저가항공에도 직항편이 생겨서 더 많은 사람이 치앙마이로 떠난다. 나 빼고.

 석 달 가까이 지내면서 가장 불편한 점은 교통이었다. 주요 교통수단은 썽태우라는 트럭인데 탈 때마다 흥정하고 길을 물어봐야 해서 외출하기도 전에 진이 빠졌다. 지하철이 없는 곳이라 이동할 때는 자동차나 트럭, 오토바이 혹은 뚝뚝을 이용하기 때문에 도시 전체에 매연이 가득했다. 이제는 버스도 다양하게 이용할 수 있고 그랩(Grab) 서비스로 택시 타는 일도 수월해졌다고 한다.

치앙마이의 자연은 아름다웠지만 제대로 보려면 투어를 신청하거나 스쿠터를 탈 줄 알아야 했다. 겁 많고 게으른 사람에게는 딱히 매력이 느껴지지 않는 모험지였다. 모든 이유를 차치하고 쓸쓸한 기억만 가득한 그곳은 어쩐지 다시 추억하고 싶지 않은 곳으로 남았다.

하지만 언젠가 계절이 아닌 마음이 여름일 때 다시 가보고 싶다. 구질구질한 내 외로움이 덕지덕지 붙어 있을 뒷골목을 걷다 보면 그때는 하지 못했던 진짜 여행을 할 수 있을지도 모른다. 그러다 보면 치앙마이에 대한 다른 감상을 갖게 될까. 결국 사랑하게 될까. 그걸 확인하기 위해서라도 언젠가 다시 한번 가봐야겠다. 두 귀에는 〈끝나지 않은 노래〉가 흐르는 이어폰을 꽂고. 곁에는 든든한 누군가와 함께.

라라라 라라라라라 날 좋아한다고
— 덩굴장미

여름의 정취를 흠뻑 느낄 수 있는 책 『열세 살의 여름』(이윤희 지음, 창비)의 주인공 해원에게는 계절을 기억하는 자기만의 방식이 있다. 해원이 생각하는 여름의 시작은 그해 처음으로 반팔 반바지를 입는 5월 5일 어린이날. 그 대목을 읽고 내 여름의 시작은 언제일까 생각해봤다.

여름이 오고 있다는 걸 눈으로 직접 목격하는 시기는 5월경이다. 온 동네 담벼락이 어떤 꽃으로 뒤덮이는 시기이기도 한데, 그 꽃은 바로 '여름 장미'라고도 불리는 덩굴장미다. 여럿이 함께 볼 때마다 이게 진짜 장미냐 아니냐에 대한 설전이 벌어지기도 하지만 장미가 맞다. 주로 학교 담장이나 아파트 울타리에서 자주 발견되는, 형광빛을 머금은 빨간색에 키가 작고 동그란 장미다.

길을 걷다 덩굴장미를 발견하면 스마트폰부터 꺼내 든다. 누군가와 함께 있다면 모델이 돼달라고 부탁한다. "저기 앞에 좀 서봐." 혼자 사진 찍는 게 내키지 않는다고 하면 같이 서서 기어이 셀카라도 찍는다. 덕분에 오뉴월 경 내 스마트폰 앨범에는 덩굴장미의 독사진 혹은 장미를 배경으로 한 인물사진이 잔뜩 들어 있다.

덩굴장미는 여름을 알리는 신호이기에 활짝

핀 모습을 보는 것만으로도 마음이 들뜬다. 서울 곳곳의 담벼락에 덩굴장미가 울창해지면 그 앞에서 이온음료 CF 속 모델처럼 뱅그르르 돌며 걷거나 슬로모션으로 달리고 싶어진다. 하지만 그런 내 모습을 솔선해서 찍어줄 사람은 아무도 없고, "잠깐 그러고 있을 테니까 나 좀 찍어줄래?"라고 말할 배짱은 더더욱 없고, 설령 누군가 먼저 나서서 찍어준다고 해도 얼굴이 빨개져 손사래를 치거나 어색하게 굴고 말 나를 알기 때문에 고급 영상장비를 빌려 전국 방방곡곡을 돌아다니며 덩굴장미 앞에서 뱅그르르 도는 내 모습을 슈퍼슬로로 셀프 촬영한다는 건 거짓말이고, 그저 머릿속으로 그러고 있는 나를 상상한다. 일종의 뇌 속 CF 같은 거다. 라라라 라라라 라라 날 좋아한다고…. 그러면 잠시나마 텐션이 올라간다.

여름은 초록을 더욱 풍성하게 하는 계절이지만, 꽃이 편안하게 자라기에는 모진 시기다. 뜨거운 햇살과 비바람, 높은 기온에 꽃도 금방 시들고 풀죽는다. 평소에 꽃 선물을 좋아하고, 가끔 기분 전환을 위해 꽃을 사는 나로서는 여름에 그 점 하나가 아쉽다. 그렇지만 이제 곧 여름이 온다며 공짜로,

곳곳에, 아름다운 꽃이 나타나주니 얼마나 기쁜지.

덩굴장미는 공공의 꽃다발이다. 걷기만 해도 불쑥 만날 수 있는 풍성한 장미 꽃다발. 사진 찍는 것도 공짜, 한참 바라보는 것도 공짜, 향기 맡는 것도 공짜. 산책이 힘들어지기 시작하는 여름 직전에 선물처럼 등장하는 꽃이라서 꽃말은 마치 '지금 이 시기를 누리지 않으면 후회할 겁니다' 같다.

매년 5월 중순이 되면 당인동 '무대륙' 맞은편 아파트 담장에는 탐스럽게 덩굴장미가 핀다. 새로 이사 온 집 옆 초등학교 담장도 알고 보니 '덩굴장미 핫플'이었다. 가끔 낯선 동네에서 길을 잃고 두리번거리다가도 어느 건물 벽에 핀 덩굴장미를 보면 마음이 차분해진다. '그래, 분명히 여름이 오고 있구나' 싶어 기운이 난다.

나에게는 여름을 준비하는 계절부터가 여름이다. 짧기만 한 계절을 길고 풍성하게 즐기기 위해서는 늦봄부터를 여름의 도입으로 봐야 한다. 그런 의미에서 진정한 여름은 덩굴장미가 피는 순간 시작된다. 5월이 되면, 올해도 전국의 덩굴장미들이 건강히 피어주기를 바라는 일. 그게 바로 내 여름의 시작이다.

발리에는 이모가 있다
― 사누르

언제부터인가 혼자 하는 여행이 재미없어졌다. 근사한 경치를 봐도 속으로 '좋구나' 하고 땡, 맛있는 음식을 먹어도 '맛있구나' 느끼고 땡, 이상한 사람을 만나도 목청 높여 '왜 저래?'라고 말할 수 없다는 점이 밑지는 여행을 하는 느낌이었다. 여행이란 실시간으로 주고받는 피드백이 있어야 비로소 완전해진다.

 게다가 혼자 떠난 여행에서는 스스로 감당해야 할 일이 늘어난다. 길도 알아서 찾아야 하고, 모든 대처도 셀프로 해야 하기에 그만큼 긴장하게 되고, 두려움도 배가된다. 이를 악물고 여행하다 보면, 이게 여행인지 임무 수행인지 헷갈릴 때도 있다. 그래서 몇 년 전부터 여행은 꼭 누군가와 함께 간다.

 고마운 사실 하나는 언제든 같이 여행을 떠날 수 있는 친구들이 있다는 거다. 나와 같은 프리랜서라 일정을 조율하기 수월하면서도, 나와는 달리 꼼꼼한 성격에다 정보에 밝고 부지런하기까지 해서 함께 여행하기에 더할 나위 없는 파트너들이다. 인생에 흔치 않은 대운 중 하나를 얻었다고 생각한다. 친구 같은 후배 ㄹ도 그중 한 사람이다.

ㄹ과 함께 여름휴가로 몇 년 만에 발리를 다시 찾았을 때는 유난히 컨디션이 좋지 않았다. 팔다리는 축축 처지고, 머리는 어지럽고, 속까지 울렁거려서 자꾸만 드러눕고 싶었다. ㄹ로서는 금쪽같은 일주일을 빼서 생애 첫 발리 여행을 온 건데, 같이 간 사람의 체력도 의욕도 없는 상태를 지켜봐야만 했다. 미안했다. 그럴 거면 여행을 안 갔어야 하는 거 아니었냐고 할 수 있겠는데, 당시에는 여행을 가고 싶었다기보다 여기가 싫어서 도망치고 싶었다.

아무리 반성하는 마음을 갖는다 해도 갑자기 호랑이 기운이 솟아날 리는 없었기에 거의 모든 시간을 침대 위에서 보냈다. ㄹ한테는 아쉬운 게 많았겠지만 나에게 딱 한 가지 아쉬웠던 것은 입맛마저 사라졌다는 사실이었다. 그 좋아하는 조식 뷔페도 맛없게 느껴졌다.

평소에도 삼시 세 끼 중 아침밥에 제일 공을 들이고, 그 어느 맛있는 음식보다 뷔페를 좋아하기에 이번 여행에서도 호텔의 조식 뷔페에 큰 기대를 품었다. 자고로 여행의 완성은 조식 뷔페 아닌가. 오죽하면 ㄹ은 평소 나를 '김조식 씨'라고 불렀고, 여행 내내 정작 자기는 잘 먹지도 않는 아침 식사에 함께 가주었다.

하지만 바닥난 체력과 의욕 탓에 조식에 대한 열정도 자취를 감췄다. 배는 고픈데 뭘 챙겨 먹기는 싫은, 위산만 자꾸 분비되는 상황이 이어졌다. 우붓에 며칠을 묵다가 사누르로 거처를 옮길 때, ㄹ은 괜찮은 호텔을 예약하겠다고 했다.

"제가 쏘는 거라구영. 기운 내시라구영."

목석같은 사람도 순식간에 애교쟁이로 만들어버리는 우리 사이 특유의 '영영체' 제안에 속으로는 감동의 눈물을 흘렸지만, 웃어 보일 힘조차 없었다. 배가 고팠기 때문이다. 그런데 먹고 싶은 게 없었기 때문이다.

사누르는 좋은 곳이었다. 가이드북에서 사누르에 대한 소개를 접할 때마다 등장하는 문구가 '한때 찬란했으나 이제는 노쇠해진 관광지'였기 때문에 발리에 올 때마다 자연스럽게 탈락시켰던 곳이다. 웬일인지 ㄹ은 꼭 가보고 싶다고 주장했지만, 나로선 딱히 기대가 생기지 않았다. 그런데 정작 와보니⋯ 사누르는 노쇠한 관광지라기보다 나처럼 노쇠한 사람을 위한 동네였다.

식당이나 상점이 많지 않고, 볼거리도 별로 없는 곳. 유난히 나이 지긋한 여행객들이 많이 보이던 곳. 잔잔하게 파도치는 바다 주변으로 품격과 연륜이 느껴지는 리조트가 줄줄이 늘어서 있었고, 발리의 여느 동네처럼 붐비거나 시끄럽지 않아 고즈넉하고 느긋한 분위기에서 휴식을 취하기 좋았다. 따뜻한 햇살과 부드러운 바다와 그림 같은 노을이 다 있어서 아침저녁으로 짧게 산책하는 것만으로도 그날 할 일을 다 마친 사람처럼 심신이 안정되었다. 바와 식당이 일찍 문을 닫아서 밤새도록 시끄러운 음악 소리나 취객들의 소음도 들을 일 없는 청정 지역이기도 했다. 사누르에 도착한 첫날 느꼈다. 여기야말로 요양에 적합한 장소로구나.

ㄹ이 마련해준 깔끔한 호텔에 짐을 풀자마자 다시 침대 속으로 기어들었다. 보송하고 부드러운 침구의 감촉을 느끼며 낮잠을 잠깐 자고 일어났더니 ㄹ이 밥 먹으러 갈 때가 되었다고 했다.

"그런데 난 미각을 잃었는데영. 장금이라구영."
"따라오시라구영, 김골골 씨."

야무진 ㄹ은 호텔 주변에 있는 한국 식당을 찾아냈다. 한국에서도 잘 안 먹는데 여기까지 와서 무슨 한식인가 싶었지만, 가라앉는 몸을 추스르며 말없이 따라갔다.

그렇게 찾아간 사누르의 한식당 'Yimo(이모)'. 한국인 가족이 운영하는 그곳은 된장찌개부터 파

전, 두부김치까지… 한식이라는 카테고리 안에 들어갈 수 있는 모든 메뉴를 만들어 팔고 있었다. 가게 내벽에 붙은 익숙한 음식 사진들, 메뉴판의 각종 한식 이름을 훑어보니 집 나간 식욕이 서서히 발길을 돌리는 게 느껴졌다. 한참을 고민하다 김치찌개를 시켰다.

이윽고 테이블에 도착한 김치찌개. 까만 뚝배기 안에서 빨갛게 절절 끓고 있는 익숙한 음식을 마주하고 오랜만에 설렜다. 두근대는 마음으로 한 숟가락 떠먹자 익히 잘 아는, 맵고 짜고 단 맛에 얹힌 속이 서서히 내려갔다. 그다음 쌀밥을 한술 뜨고, 부들부들해진 두부와 김치를 건져 먹으니 어디로 간지 알 수 없었던 입맛이 나를 향해 저벅저벅 걸어오고 있었다. 시뻘겋고 뜨거운 한국식 국물에 어쩔 수 없이 속이 풀리는 내 모습이 멋쩍었지만, 순식간에 밥과 찌개를 다 비웠다. 그리고 다음 날 또 '이모'를 찾았다.

한식 두 끼를 먹고 나니 불편한 위장과 어지럼증이 씻은 듯이 가라앉았다. 그러면서도 다행이라는 생각보다는 나 이렇게 되고 말았나? 싶어 마음이 복잡했다. 고작 일주일 여행 와서도 한식당을 찾게 된 사람. 뭐 대단한 모험이라도 했다고 온몸이

'향수병이다!'를 외치는 사람. 비행기 몇 시간 탄 걸로 며칠을 녹다운돼 있는 사람. 얼마 전까지만 해도 어디든 갈 수 있고 뭐든 할 수 있다고 자부하던 몸이 노화를 통과하고 있다는 사실을 이렇게 실감하다니. 여행도 젊을 때 해야 한다는 말이 몸으로 다가올 줄이야.

'이모'의 한식 덕에 기적적으로 원기 충전에 성공한 후, 남은 기간은 느긋하게 여행을 즐길 수 있었다. 숙소 수영장에서 하루 종일 물장구치고, 선베드에 누워 책을 읽고, 맥주를 마시고, 밥을 먹었다. 그 시간이 빨리 지나가는 게 아쉬워서 "아까워, 아까워…"라고 계속 중얼거렸다. 얼마 안 되는 그 시간이 발리 여행의 하이라이트 같았다.

하지만 이제 와 돌이켜보니 여행의 하이라이트는 '이모'에서 김치찌개를 먹던 순간이었던 것 같다. 아니, 그 모든 휴식을 선물해준 ㄹ의 마음이었던 것 같다. 일주일 내내 비실대기만 해서, 자꾸 잠만 자서, 지루하게 굴어서 미안했다. 이다음에 체력 좀 키워서 발리 한 번 더 가야지. 그때 (남진의 〈둥지〉를 부르면서) 너는 그냥 가만히 있어어. 내가 다 해줄게에—.

요즘도 가끔 ㄹ과 나는 그 여행을 추억한다. 대단한 거라고는 하나도 하지 않았던, 하지만 모든 순간마다 이건 이렇고, 저건 저렇다고 깨알같이 피드백을 주고받았던 여행이어서 시간이 지난 지금도 할 이야기가 남아 있다. 그 시간을 되돌아보며 다시 한번 실감한다. 이제 혼자 하는 여행은 재미가 없어. 그러니 ㄹ아, 이다음에도 나와 함께해주겠니.

+

어느 날, sns로 메시지 한 통을 받았다. '이모네' 아드님에게 온 거였다. 우연히 식당에 오신 손님이 이 책을 선물하셔서 어머니가 읽게 되셨다고, 여기 실린 당신의 이야기에 힘을 얻으셨다는 내용과 더불어 안부를 물었다. 사장님의 것으로 보이는 손이 책을 들고 있는 사진도 함께였다. 당도하리라 상상도 하지 못한 이야기가 거기까지 가 닿았다니 놀라웠다. 오히려 내가 감사하다고, 이다음에 사누르에 가게 되면 꼭 들르겠다고 답장을 보냈다.

그리고 얼마 전, 나의 여행 메이트였던 ㄹ은 결혼했고, 발리로 신혼여행을 떠났다.

일단 대자로 드러눕기
— 대나무 자리

계절이 바뀔 때마다 그때그때 필요한 물품을 내놓고, 안 쓸 물건을 착착 정리해 들여놓는 사람들에게 존경심을 갖고 있다. 그런 사람들은 어른스럽다. 부지런해 보이고, 지나간 일에 미련을 품는 일도 없을 것 같다. 정리를 잘하는 사람한테서는 대범한 기운이 느껴진다.

반면 나의 방에는 사계절 용품이 모두 나와 있다. 발밑에는 히터가 켜져 있는데 방문 앞에는 먼지 쌓인 선풍기가 놓여 있는 식이다. 계절이 바뀌더라도 두 물건은 서로 자리만 바뀐 채 한방에 그대로 있을 것이다. 하지만 이런 내가 매년 7월마다 들뜬 마음으로 챙겨놓는 아이템이 있다.

바깥 공기 중에 열기의 지분이 더 높아지기 시작할 즈음이면 베란다에 놓아둔 원통형 물체를 꺼낸다. 햇빛을 받아 누렇게 바랜 신문지를 쓱 벗기면 여름의 최애템, 대나무 자리가 모습을 드러낸다. 그걸 침대 옆 바닥에 착 깔고, 젖은 걸레로 한 번, 마른 걸레로 또 한 번 양면을 꼼꼼하게 닦는다. 마지막으로 할 일은 그 위에 벌러덩 눕기. 고전 영화 〈러브 스토리〉의 두 주인공이 눈밭에 누워 그랬던 것처럼 팔다리를 쭉 펴고 위아래로 움직이기.

그때부터 본격 여름 특집 와식 & 좌식 생활이

시작된다. 수박을 접시에 담아 자리 위에 앉아 먹는다. 찜기에서 막 꺼낸 초당옥수수나 뽀득뽀득 씻은 말랑이 복숭아를 들고 가 벽에 등을 기대고 먹는다. 냉장고에서 캔 맥주를 꺼내와 앉아서는 대나무 자리의 서늘함과 맥주의 시원함을 비교하기도 한다. 운동하고 난 오후에는 그 위에서 스트레칭도 한다.

하루에도 몇 번씩 그 위에 드러눕는다. 티브이를 보다가, 원고 작업을 하다가, 뭔가 찾을 게 있어 방으로 들어가놓고도 금세 대자로 드러누워 파닥거린다. 그러다 보면 할 일이 있지만 하기 싫은 '에라 모르겠다 상태'가 된다. 창밖으로 동네 사람들 목소리가 어렴풋이 들리고 조금씩 땀이 나면 누운 채로 팔만 길게 뻗어 선풍기를 틀고, 그러다 추우면 침대 위에서 이불을 끌어내려 배 위에 덮는다. 잠깐 그러고 있었다고 생각했는데 눈을 떠보면 어느새 두 시간이 지나 있고…. 그야말로 '에라 모르겠다 하루'가 돼버린다.

대나무 자리를 깔고 나면 세 계절을 동고동락했던 침대는 한순간 찬밥 신세가 된다. 침대 매트리스에 익숙해진 등과 허리가 배기고 아프더라도 매일 밤 바닥에서 잔다. 밤마다 1인용 대나무 자리 위에 반듯이 누워 바삭바삭한 인견 이불을 대충 덮고 이리 뒹굴 저리 뒹굴 하며 장마가 이어지는 밤을, 열대야를, 서늘한 바람이 불어오는 밤을 보낸다. 가끔 친구들이 집에 놀러 오면 선심 쓰듯 말한다.

"내가 바닥에서 잘게."

속으로 이런 생각을 하면서. '흐흐, 침대는 더 울걸?'

몇 달을 보내고 나면 어느새 방바닥은 싸늘해지고, 침대가 더 아늑해지는 계절이 찾아온다. 하지만 금세 대나무 자리를 치울 생각을 하지 않는다. 대나무 자리가 사라지면 공식적으로 여름이 끝나기 때문이다. 여름의 시작은 많고 많지만 여름의 끝은 단 하나, 대나무 자리를 집어넣는 날이다.

우리 집 대나무 자리는 여름이 한참 지나고 나서야 겨우 물러난다. 신문지에 돌돌 말려 베란다 구석에 놓이는 날, 마음은 어느새 겨울이 된다. 한 계절 나와 가장 많이 살을 부비고 살았던 존재와 작별하는 과정은 조금 쓸쓸하다. 그래도 최대한 산뜻하게 보내준다.

안녕, 나의 여름 한정 룸메이트. 내년에는 올해보다 더 일찍, 더 길게 만나자.

최고의 생맥
— 낮술

'여름=맥주'라는 이야기는 앞에서도 누누이 했지만 마지막으로 한 번 더 강조하고 싶다. 이미 술 이야기가 잔뜩 나와서 여름이 아니라 술을 테마로 한 책인 것 같기도 하지만… 여름은 술 없이 이야기할 수 없는 계절인 걸 어쩌나. 특히 여름에는 낮술을 자주 해야 한다. 그중에서도 생맥주를 양껏 마셔두어야 한다. 그래야 여름이 다 지나고 나서 '그때 많이 마실걸' 하고 후회하는 일이 없다.

드라마 〈와카코와 술〉의 주인공 와카코는 퇴근길마다 혼자 술집에 들른다. 그가 매일 다른 술집을 찾아가 요리에 어울리는 갖가지 술을 골라 마시며, 하루 동안 쌓인 피로를 날려버리는 모습을 보면 나도 모르게 냉장고를 열게 된다. 곁들일 만한 안주는 없는지 궁리하게 된다. 언제 봐도 기분 좋은 드라마이지만 주인공이 매회 얼굴이 벌게질 때까지 술을 마시는 장면이 대부분이라, 만약 우리나라 드라마였다면 방송통신심의위원회의 제재를 받았을 거다.

일본에는 와카코처럼 매일 밤 술을 마시는 사람들이 흔하다. 몇 명 안 되는 내 일본인 친구들도 거의 매일 술을 마신다고 한다. 일본이라는 나라는 거대한 술도가 같다. 남에게 폐 끼치거나 늘어진 모습을 보이는 걸 극도로 꺼리면서도 술 마시는 일에 대해서만큼은 관대하다. 밥집에서도 낮부터 술 마시는 사람들이 자주 보이고, 예전에는 길을 걸으면서 혹은 지하철 안에서 캔 맥주나 한 컵 정종을 들고 마시는 어르신도 많았다. 안타깝게도(!) 이러한 풍경은 팬데믹과 2020년 도쿄 올림픽 전후로 보기 어려워졌다고 한다. 하지만 아침에 티브이를 켜도 버젓이 맥주 광고가 흘러나오는 곳이 일본. 나 역시 일본에 가면 끼니때마다 생맥주를 주문한다. 열도 전체에 둥둥 떠다니는 음주 장려 분위기에 동참하자는 선한 의도에서다.

혼술을 하기 위해 데이트도 안 하고 친구도 잘 안 만나고 늘 칼퇴를 시도하는 와카코지만 한여름 야외 비어가든에서 열리는 회식에는 꼭 참석한다. 그때도 그는 말없이 혼술 모드에 돌입해 500시시 잔에 가득 찬 생맥주를 꿀꺽대며 속으로 외친다. '여름의 태양 아래서 마시는 맥주는 특별해. 이대로 하늘로 올라갈 것만 같아!' 그 장면을 보는 나까지 급속도로 목구멍이 간질간질해지면서 만사 제쳐두고 생맥주를 벌컥대고 싶어졌다. 그러다 떠올랐다. 아…! 나에게도 저런 생맥주가 있었지!

한여름, 도쿄 여행 마지막 날에 친구를 만났다. 8년 만에 만난 일본인 친구는 에비스(惠比寿)에서 낮술을 하자고 했다. 한여름에 낮술이라니. 그 친구는 나라는 인간을 정확히 파악하고 있었으며, 참된 인생이란 무엇인지 역시 잘 알고 있었다.

역을 지나 골목으로 들어가니 빨간 등으로 외부를 장식해놓은 허름한 이자카야가 보였다. 가게 이름은 '타츠야(たつや)'. 나무 미닫이문을 드르륵 열었더니 점심시간 전인데도 꼬치를 굽는 자욱한 연기 속에 술잔을 기울이는 사람들로 가득 차 있었다. 뭐지, 이 낭만적인 전경은? 알고 보니 그곳은 매일 아침 8시부터 영업을 시작한다는, 도쿄 술꾼들의 명소였다.

테이블 자리는 만석이어서, 바 자리를 비집고 들어가 모르는 사람과 어깨를 부딪혀가며 앉았다. 작은 의자에 엉덩이가 닿기도 전에 생맥주부터 시켰고, 그것은 내 인생 생맥이 되고 마는데….

손잡이가 달린 500시시 맥주잔은 한참 전부터 냉장고에 들어가 있었는지 얼음처럼 차가웠고, 살포시 서리가 낀 잔에 가득 담긴 맥주는 투명한 노란색으로 반짝반짝 빛나고 있었다. 잔 위쪽에 5센티미터 정도로 두텁게 올라가 있는 크림 거품은 흔들

림 없는 침대 매트리스처럼 굳건했다. 처음 들 때는 묵직한 이 잔이 가벼워지는 데는 2분도 걸리지 않겠지. 자고로 그 날의 첫 생맥주는 기도(氣道)가 허락하는 한, 원샷으로 마셔줘야 한다. 우리는 서둘러 술잔을 부딪친 다음 몸속에 주유를 한다는 느낌으로 맥주를 들이부었다. 꾸억, 꾸억 꾸억, 꾸억꾸억 꾸억꾸억꾸억, 후와….

그렇게 1분 만에 첫 잔을 비우고, 두 번째 잔을 시켰다. 그리고 또, 또…. 대화는 하는 둥 마는 둥 맥주 마시는 일에만 열중했다. 그만큼 맥주 맛이 좋았는데, 테이블 회전율이 높아서 생맥주가 케그에 장시간 고여 있을 틈이 없기 때문인 것 같았다. 순식간에 한 잔을 비우고 서둘러 주문하는 나 같은 손님도 한둘이 아니겠지. 허허허, 이거야 나 원 참. 집에 가기 싫네.

몇 시간 후면 서울로 가는 비행기를 타야 하는데 지금이라도 취소할까. 취소도 귀찮으니 그냥 안 타버릴까. 그런 고민조차 술맛 당기게 하는 안주 같아서 친구가 골라준 안주에는 거의 손도 대지 않았다. 비좁은 가게 안에 꼬치 굽는 냄새가 진동하고, 줄줄이 앉아 있던 사람들이 술집을 빠져나가면 새로운 사람들이 기다렸다는 듯 자리를 채우고, 모르는 사람들끼리 어깨를 맞대고 나란히 앉아 각자만의 음주를 이어가는 낮술 무한 루프가 이어지고 있었다. 그래, 한여름의 낮술이 이런 거였지. 이대로 하늘로 올라갈 것만 같아!

하염없이 취하고 싶었지만, 집에는 가야겠다 싶어 가게를 빠져나왔다. 시계를 보니 겨우 오후 3시 반이었다. 전날 비가 내린 하늘은 거짓말처럼 파랗고, 적당히 뜨거운 해는 머리 위에 떠 있고, 아스팔트는 따끈따끈 열기를 내뿜고, 사람들은 바삐 어딘가로 향해 가는데 나와 친구만 거리 한복판에 서서 헤헤 웃고 있었다.

여기서 지하철을 타면 서울에 도착할 수 있지 않을까? 가깝잖아. 잘 찾아보면 서울까지 가는 고속버스가 있는 건 아닐까? 멀지 않잖아. 그런 공상과학적인 생각을 계속 하게 됐다. 친구는 나를 보고 괜찮아? 괜찮아? 하고 물었는데 안 괜찮으면 어쩔 거야. 나는 대답 대신 웃었다. 내가 누구인지는 알겠는데 여기가 어디인지는 모르고 싶었다.

반쯤 해롱해롱한 상태로 도쿄의 골목을 돌아다녔다. 낮술도 좋았지만 날씨도 좋았고, 내 옆에 있는 친구도 좋았고, 그와 그렇게 낯선 길거리를 갈지자로 걸어 다닐 수 있다는 사실도 좋았다. 소프트 아이스크림을 하나 사서 나누어 먹고, 길가에 보이는 간판을 하나씩 짚어 읽으면서 걷고 또 걸었다. 우리는 마지막으로 꼭 한 번 껴안고는 내일 다시 만날 사람들처럼 헤어졌다. 비행기는 무사히 탔다.

요즘도 한여름이 되면 이가 부러질 듯 차갑던 그날의 생맥주가 생각난다. 계절은 딱 좋을 정도로 후끈하고 화창해서, 대낮부터 무방비 상태로 취하는 즐거움을 맛볼 수 있어서, 곁에는 장단을 맞춰주는 친구가 있어서 황송한 시간이었다. 좋아하는 것들로만 가득 찬 하루였기에, 그날 마신 낮술은 인생 최고의 생맥주가 될 수밖에 없었다.

그날 이후, 여름에 어떤 생맥주를 마셔도 그 맛이 안 난다. 그래서 아쉽지만 그래서 그 추억이 더 귀하게 느껴진다. 다시 한번 친구를 만나 기분 좋게 취할 수 있을까. 이번에는 네가 서울로 오면 좋겠어. 오늘은 연락 한번 해봐야지.

결핍으로부터 시작된 여행
— 여름휴가

프리랜서에게 없는 것 네 가지를 꼽자면 4대 보험, 고용 보장, 퇴직금, 유급 휴가쯤 되려나. 방송작가로 일할 때 갑작스레 방송이 결방되면 팀 전체가 뜻밖에 휴가를 얻기도 했지만 당연히 무급이었다. 여름이 되면 작가들이 돌아가며 일주일씩 휴가를 가기도 했지만 업무로부터의 해방감을 느끼기엔 역부족이었다. 혼자 일하는 지금은 스스로 휴가를 주지 않는 한 휴가 같은 건 없는 사람이 되었다.

요즘은 성수기를 피해 봄가을에 휴가를 쓰고 겨울에도 긴 휴가를 떠나는 사람들이 늘어나서 '여름휴가'라는 개념이 희미해지는 추세이지만, 여전히 여름의 주연은 휴가라고 생각한다. 그래서 '여름휴가', '극성수기', '비행기 티켓과 호텔방 구하는 게 하늘의 별 따기' 같은 말을 들을 때마다 가슴이 두근댄다. 그 모든 장해물에도 불구하고 어떻게든 떠나고 싶어 하는 사람들의 심정이 와닿아서다.

스무 살이 넘어 알게 된 사실 중 하나는 대부분의 사람이 여름이면 가족과 휴가를 간다는 것이었다. 친구들은 여름방학 때 계곡에도 놀러 가고, 제주도에도 가고, 바닷가에도 갔다고 했다. 마치 가본 적 없는 외국 풍경처럼 낯설게 다가오는 이야기를 들으며 깨달았다. '아, 나는 가족이랑 여름휴가라는 걸 한 번도 가본 적이 없구나.' 처음에는 대수롭지 않은 일이라 여겼지만, 시간이 지날수록 자꾸 생각났다. 우리 가족은 커다란 무언가를 놓치고 살아왔구나.

대신 여름방학엔 친척집에서 며칠을 보냈다. 먹고사느라 바빴던 부모님은 우리를 서울 강남에 있는 큰댁이나 부산 외가댁에 떨구어놓고 집으로 돌아갔다. 부모님으로서는 그게 서로를 위한 여름휴가였을 것이다.

친척들은 언니와 나에게 한없이 다정했지만 그곳에서 별로 행복하지는 않았다. 그 시간은 그저 작은 집에서 조금 큰 집으로의 이동, 텅텅 빈 냉장고를 습관처럼 열어보는 일로부터 온갖 음식으로 가득 찬 냉장고를 눈치 보며 여는 일로의 변화였고, 그럴 때마다 우리 집이 얼마나 보잘것없는 곳인지를 깨닫게 됐다. 그래서 마음속으로 결심했다. 어른이 되면 꼭 내 힘으로 여름휴가를 갈 거야. 혼자서라도 가고 싶은 데로 떠날 수 있는 어른이 될 거야.

돈을 벌게 되고 나서부터 여름이 되면 집착하듯 여행을 떠났다. 홀쭉한 통장 잔고, 미래에 대한 막연한 불안감 같은 건 문제 되지 않았다. 어렸을 때 하지 못한 경험을 지금이라도 스스로 선물하고 싶었다. '이제는 여행 가는 데 부모님은 필요 없어. 나는 어디든 갈 수 있어.' 그런 생각을 하면서 뻔질나게 나 자신을 여행시켰다. 모든 시간이 즐거웠을 리 없다. 아등바등 무리해야 떠날 수 있는 여행이었으니까. 하지만 몸소 만든 시간을 통해 텅 비어 있던 내 안의 어떤 구멍을 채워나갔다.

평소 'ㅇㅇ 보존의 법칙'을 굳게 믿는다. ㅇㅇ 안에는 분노, 억울함, 인내 혹은 결핍이 들어간다. 살면서 경험한 결핍은 그 사람 안에 평생 남는다. 어린 시절부터 쌓인 결핍을 채우기 위해서는 어른이 된 내가 나서야 한다. 나라는 사람 안에 쌓여온 결핍은 오직 나만이 채울 수 있다.

여전히 나는 구멍 난 여름휴가의 추억을 메꾸면서 산다. 그래서 여름이라는 계절을 이토록 좋아하는 건지도 모르겠다. 나의 수고를 알아주는 시기, 고단함을 위로하는 시기. 여름은 내게 한없이 너그러워지기 좋은 계절이니까.

될 수 있는 한 자주 떠나고 싶다. 가급적 여름에, 여름인 곳으로. 그 안에서 실컷 널브러지고 맘껏 누리고 싶다. 나에게는 나에게 받을 여름휴가가 많이 남아 있다.

이런 생각을 하다 보면 어느새 길고 무더운 여

름 내내 휴가라고는 가보지 못한 부모님의 마음이 만져진다. 부모님 역시 그동안 최선을 다해온 거겠지요. 제가 부모가 되더라도 두 분만큼 잘 해낼 자신이 없어요.

변영주 감독이 이런 말을 했다. 자식이 마흔이나 쉰 살쯤 됐을 때 부모의 삶이 이해된다면, 그 부모는 좋은 부모라고. 그런 의미에서 우리 부모는 좋은 부모가 맞다, 고 말하고 싶지만… 일단 쉰이 될 때까지 더 기다려보겠다. 문제는 쉰이 얼마 남지 않았다는 것인데….

여름휴가는 나에게 주는 선물이다. 그건 나머지 세 계절을 버텨온 스스로에 대한 예의이기도 하다. 하지만 그 시간을 모르고 살아온 부모님이 계시니 올해는 여름휴가를 함께 다녀올까. 그러려면 일단 돈을 벌어야겠지. 나 어렸을 때 부모님이 그랬던 것처럼 이번엔 내가 최선을 다해야겠지….

하지만 딸은 당신들이 그랬던 것처럼 먹고살기 위해 여름휴가를 놓치는 일은 하지 않겠다고 다짐한다.

책상 위 과일 달력
— 신비복숭아

우리 집에는 탁상 달력이 많다. 탁상 달력의 특징이라면 연말연시에는 꼭 필요해서 고심 끝에 사놓아도, 며칠만 지나면 어딘가에서 하나둘 들어온다는 것이다. 그래서 1월이 지나면 무릎 위 높이 정도의 가구에는 어김없이 탁상 달력이 놓인다.

그중에서 가장 자주 들여다보는 것은 책상 위 달력이다. 올해는 특별히 두 개나 쓰고 있다. 하나는 친구에게 선물받은 것인데 나무로 된 일러스트 달력이고, 하나는 과일 달력이다.

과일 달력은 과일 온라인 쇼핑몰 '온브릭스'에서 구입했다. 과일 쇼핑몰에서 만든 만큼 주인공은 과일이다. 달력은 달마다 새롭게 선보이는 과일을 사진으로 소개한다. 1월 6일 칸에는 윤기 나는 딸기 사진이 있고, 그 아래 '죽향 딸기 시즌 오픈 예정'이라고 쓰여 있다. 3월 5일 칸에는 앙증맞은 카라향 사진이 들어 있다. 때마다 등장하는 제철 과일을 소개하고, 각자의 최애 과일을 기다리게 만드는 달력이라니, 얼마나 실용적이고 낭만적인지.

얼굴에 미소를 머금은 채 몇 장 넘겨보면 5월 중순에는 체리가, 말경에는 초당옥수수와 하우스 자두가 오픈할 예정이라고 적혀 있다. 한 장을 더 넘기면 6월 달력에는 천도복숭아와 제주 애플망고,

그리고 아기다리고기다리던 신비복숭아 사진이 나온다. 플라스틱 아기 인형 엉덩이 같은 신비복숭아 사진을 보는 것만으로도 잠시 흐뭇해진다. 6월 16일이면 신비복숭아를 먹을 수 있다!

    세상 사람을 둘로 나눈다면 복숭아를 좋아하는 사람, 딱히 관심 없는 사람으로 분류할 수 있다. 전자를 더 세밀하게 들여다보면 딱복파, 물복파로 나뉜다. 나로 말할 것 같으면 복숭아에 딱히 관심 없는 사람, 굳이 따지자면 딱복보다는 물복파이다. 하지만 몇 년 전 신비복숭아를 맛보고 나서는 복숭아를 좋아하는 사람이 됐다. 정확히는 신비복숭아만 기다리는 사람이 되고 말았다. 복숭아에 관심 없던 사람도 금세 복숭아 덕후로 만드는 존재가 바로 신비복숭아다.

    어느 날 지인이 검정 비닐봉다리에 담긴 무언가를 건넸다. "한번 먹어봐요. 복숭안데 맛이 특이해. 씻어서 껍질째 그냥 먹어요." 봉지를 열어보니 자두만 한 크기의 열매가 몇 개 들어 있었다. 복숭아 맛이 특이하면 얼마나 특이할까 싶어 큰 기대 없이 한 입 베어 물었을 때, 입안 가득 터지는 과즙에 놀랐다. 이윽고 두어 번 씹으니 딱딱하지도 무르지도 않은 과육 사이사이로 단맛이 퐁퐁 새어 나왔다.

아니, 뭐야. 뭔 복숭아가 이렇게 맛있어? 서둘러 하나를 먹어치우고는 봉지 안에 담긴 것까지 앉은자리에서 해치웠다.

모양은 천도, 맛은 백도인 희귀한 복숭아. 생긴 건 조금 작고 예쁜 복숭아일 뿐인데, 씹는 순간 입안에서 상큼함과 달콤함이 부드럽게 왈츠를 춘다. 며칠 뒤, 내게 신비복숭아를 전도한 지인에게 어디서 살 수 있냐고 물으니 이제 안 판다고 했다. 예? 안 판다니요. 지인은 예상한 반응이라는 듯 대답했다. "괜히 신비복숭아가 아니에요. 이름처럼 구하기가 신비롭게 어려워요."

뭐래. 적절한 리액션도 하지 못한 채 멍하니 있자 지인은 말을 이었다. "맛있죠? 그래서 일단 눈에 띄면 무조건 사 먹어야 하는데, 다 먹고 또 사려고 하면 어느새 들어가고 없다니까요."

처음 간 동네. 지하철역 에스컬레이터 하행 칸에 몸을 싣는다. 잠시 시선을 움직였을 때 상행 칸에는 인생 이상형이 타고 있다. 잠시 멍해 있다 잽싸게 고개를 돌려 눈으로 그의 모습을 좇아보지만 나는 점점 아래로 가라앉고, 그는 점점 위로 올라가고…. 몸을 휙 돌려 에스컬레이터 계단을 거슬러 올라보지만 헬스장 '천국의 계단' 수련을 하게 될 뿐이다. 정신을 차리고 보니 이미 내 몸은 역 안으로 안전히 착지. 서둘러 상행 에스컬레이터를 두세 계단씩 오르며 역 밖으로 달려가봐도 그의 모습은 흔적조차 없다. 얼른 볼을 꼬집어본다. 꿈인가 환상인가 아니면 착각인가. 어깨를 축 늘어뜨린 채 하릴없이 하행 에스컬레이터에 몸을 싣지만, 3분 전의 나와 지금의 나는 전혀 다른 사람이다.

말하자면 이런 얘기다. 이제야 이상형 복숭아를 만났는데 그것이 더는 세상에 없다니, 이렇게 가슴 시린 이별이 또 있어요?

그날 이후 맛있다는 딱복, 물복을 여러 번 사 먹어봤지만, 이미 신비복숭아 맛을 본 입으로는 다들 시원찮았다. 어떤 걸 먹어도 일일이 껍질을 까서 먹어야 하는, 보관기간이 짧아 금세 멍들고 무르는, 다 먹고 씨를 방치하면 금세 날벌레가 꼬이는 성가심에 지쳐버렸다. 행여라도 비슷한 맛이 날까 싶어 동네 시장에서 사 온 천도복숭아는 복숭아와 무 중간쯤 되는 맛을 선보이며 날 절망케 했다.

이제는 매년 5월 말부터 믿을 만한 농장이나 인터넷 과일 쇼핑몰을 수배한다. 작년 구매자들의 후기를 꼼꼼히 살피며 예약 주문을 걸어둔다. 일단은 작은 박스로 사서 얼른 하나를 맛본 다음, 마음에 들지 않으면 서둘러 다른 구매처를 찾고, 나쁘지 않으면 큰 박스 하나를 더 구매한다. 1인 가구라 과일 한 박스를 다 먹는 일은 쉽지 않지만 신비복숭아만큼은 매년 두 박스씩 클리어하고 있다.

 6월 중순에서 7월 초까지만 맛볼 수 있는 복숭아. 희귀 품종이라 절로 '복켓팅'을 유발하는 과일이라며 콩포트나 청으로 만들어 먹는 방법도 소개되던데 나는 있는 그대로 먹는 게 가장 좋다. 딱딱한 복숭아를 대충 씻어 우적우적 먹거나, 냉장고에서 며칠 후숙시키면 물복처럼 말랑해져서 한 입 베어 물 때마다 부드러운 과육과 다디단 과즙이 입안에서 넘실댄다. 과일 칸 가득 들어찬 신비복숭아를 마주할 때마다 이보다 아름다운 뷰가 또 있을까 싶다.

 여름은 해마다 더 좋아할 수밖에 없는 이유를 하나씩 업데이트해준다. 나는 오늘도 여름의 한가운데 앉아 과일 달력을 보며 주문을 망설인다. 이번 주는 신비복숭아, 다음 주는 샤인머스캣, 8월 말쯤 서글픈 마음을 달래주기 위해서는 홍로가 기다린다. 끊임없이 입안을 채우는 과일들로 나의 여름은 자꾸만 달콤해진다.

여름이 그리워질 때
— 드라마 〈수박〉

"여름 하면 떠오르는 영화나 드라마가 있나요?"

이 질문에 누군가는 〈커피프린스 1호점〉이라고 대답했고, 누군가는 영화 〈먹고 기도하고 사랑하라〉라고 했다. 더 많은 의견이 궁금해져 SNS에 질문을 던졌고, 응답들을 표로 정리했다.

드라마	영화
내 이름은 김삼순	남매의 여름밤
여름향기	콜 미 바이 유어 네임
풀하우스	우리들
수박	중경삼림
한여름의 추억	플로리다 프로젝트
호타루의 빛	녹색 광선
너의 목소리가 들려	여름날 우리
포도밭 그 사나이	바닷마을 다이어리
네 멋대로 해라	스윙걸즈
연애의 발견	리틀 포레스트

반 이상은 봤고 나머지는 볼 것들. 이 중에는 나의 여름 드라마도 있다.

중학교 시절부터 1999년이 되면 지구가 멸망한다고 믿어온 하야카와 모토코. 하지만 그가 서른네 살이 될 때까지 지구는 암씨롱하지 않았고, 모토코는 신용금고 직원이 되어 평범하게 살고 있다. 어느 하루, 그는 수박 그림과 함께 '해피니스 산챠'라 적힌 전단지를 손에 쥐게 된다. 이는 도쿄 산겐자야에 있는 낡은 주택으로, 대학 교수인 독신 여성 사키야, 무명 만화가 키즈나, 외국에 계신 부모님 대신 하숙집을 운영하는 시바모토가 함께 사는 여성 전용 셰어하우스다.

당시 유일한 직장 동료이자 친구인 바바가 하루아침에 사라져 외로움과 혼란스러움을 경험하던 모토코는 과보호를 일삼는 엄마의 품을 떠나 하숙집의 일원이 되기로 한다. 드라마는 이후 모토코가 함께 사는 사람들과 어울리며 진정한 행복을 발견해가는 이야기다.

2003년에 방영된 작품임에도, 언제 봐도 공감과 위로가 동시에 느껴진다. 드라마의 배경 음악이라고도 할 수 있는 매미 소리와 무더운 여름의 정취, 따라 해 먹고 싶은 하숙집 식사들에 마음을 빼앗긴다. 특히 여름이 그리워지는 겨울철에 무심코 틀어놓았다가 매번 정주행하고 만다. 몇 달만 참으면(!) 비슷한 풍경 안에 있을 수 있다는 희망이 생긴다. 드라마에서 그랬듯 돌아오는 여름에는 에어컨 대신 선풍기를 틀겠다고 다짐하지만 결국 지켜지지 않고, 여름이 되면 땀을 뻘뻘 흘리더라도 오후의 산책을 즐기겠다고 마음먹지만 결코 하지 않으며, 창문에 달린 유리 풍경이 갖고 싶어 일본에 여행 갔을 때 사 왔는데 지금은 어디 있는지 모르겠다.

특히 좋아하는 이야기는 2화에 나오는 조각 케이크 에피소드다. 만화가 키즈나는 이십대 시절, 쌍둥이 언니 유이를 잃은 상처를 안고 살아간다. 어느 날 하숙집을 찾은 한 남자가 키즈나에게 반하고, 그에게 쌍둥이 언니가 있었다는 사실을 알게 된다. 얼마 뒤 남자는 키즈나의 생일에 조각 케이크를 선물하는데, 상자 안에는 케이크가 두 개 들어 있다. 세상을 떠난 언니 유이의 몫까지 챙겨준 남자의 마음에 감동한 키즈나는 케이크 두 개에 촛불을 켜며 눈물을 쏟는다. 볼 때마다 자동적으로 눈물이 맺히는 장면이다.

이 밖에도 등장인물들이 아무렇지 않게 던지는 대사들에 인생의 정수가 느껴져 불쑥 울컥하기도 한다. 드라마는 다양한 에피소드를 통해 사람은 각기 다른 이유로 존재할 만한 가치가 있음을 이야기한다. 어쩌면 뻔하게 느껴지는 대사들에 번번이 위로받는 내가 우습다가도 위로라는 게 원래 그런 거 아니겠나 싶다.

꽤 오랜 시간 '위로'라는 단어가 내 발목을 잡는 느낌이었다. 『보노보노처럼 살다니 다행이야』를 내고 나서부터 그랬다. '힐링'이라는 콘셉트로 홍보된 이 책을 통해 다양한 독자들을 만날 수 있었고, 큰 굴곡 없이 글 쓰며 살게 되었지만 '내가 누군가를 위로할 만한 사람일까?'라는 의문은 끊이지 않았다. 북토크를 할 때마다 독자들은 엄청난 질문을 던졌다. '인생은 무엇일까요?' '어떻게 사는 게 맞는 걸까요?' 혹은 진로 고민이나 미래에 대한 불안감 등 무겁고 부담스러워 차마 생각해본 적 없는 주제에 대해 물어왔다. 절로 머릿속이 뿌예지는 질문 앞에서 고심 끝에 답을 내놓았지만, 집으로 돌아오는 길이면 후회가 넘실거렸다. 내가 진짜 하고 싶었던 말은 그런 게 아니었는데. '그걸 내가 어떻게 알아요. 그런 일에 정답이 있다면 나도 좀 알려줘요'라고 반문하고 싶었다.

그 책의 독자들은 내 앞에서 유난히 많이 울었다. 위로가 되었다며 생전 처음 본 사람의 손을 붙들고 눈물을 훔치는 모습에 허둥댔다. 책은 예상보다 많이 팔려서 독자들을 만날 기회가 많았는데 그럴 때마다 마음이 힘들었다. 몸에 맞지도 않는, 가시가 잔뜩 박힌 옷을 벗지도 갈아입지도 못하고 줄곧 걸치고 사는 느낌이었다.

    이후의 내 저작들은 그 시간을 지워버리기 위한 노력이었음을 고백한다. 생애 처음 독자들의 관심을 받았던 작품이 나의 아픈 손가락이 돼 가는 일은 낯설고 거북했다. 주변 사람들에게 자주 들었던 "잘됐는데 왜 그래?"라는 질문은 내가 나에게 던지는 의문이기도 했다. 분에 넘치도록 사랑받았지만 그 사랑이 정작 본인과 맞지 않을 때, 사람은 어떻게 해야 하는 걸까. 그래도 사랑은 사랑이라며 기대야 할까. 아니면 더 나은 걸 찾아 떠나야 할까. 나는 불편한 천국과 익숙한 지옥 사이를 왔다 갔다 하며 갈피를 못 잡고 있었다. 그때, 진짜 위로가 필요한 사람은 나였다. 그런데 그걸 어디서 얻어야 할지는 알지 못했다.

    시간이 지나 알게 되었다. 독자들은 내가 대단한 사람이어서 위로를 구한 게 아니었다는 것을. 어쩌면 독자들은 자기처럼 실수하고, 넘어지고, 티 나게 어설퍼 보이는 내 모습에 오히려 위로받고 있었던 걸지도 모른다. 이 사람은 말로는 잘 표현할 수 없는 내 마음도 이해할 것 같아, 똑똑해서가 아니라 나랑 비슷해서 알지도 몰라, 라며 속내를 드러낼 용기가 생긴 건 아니었을까. 나는 약한 내 모습을 외면하듯 비슷한 독자들의 모습을 마주할 용기가 없었을 뿐이다.

    올해 또 한 번 드라마 〈수박〉 속 변변찮은 인물들의 이야기에 위로받으며 깨닫는다. 우리는 대단한 사람들 앞에서는 더 가드를 높인다. 반대로 우리를 무장해제 시키는 사람은 나와 비슷하게 별 볼 일 없는 누군가다. 그런 사람들끼리 모여봤자 무슨 발전이 있겠냐고 누군가는 말하겠지. 맞다. 애초에 우리는 발전 같은 거 기대 안 한다. 그저 각자의 모양대로 그냥저냥 살고 싶은 것이다. 나의 창피하고 못난 모습도 자연스레 드러내면서. 다른 누군가의 모습에도 그러려니 하면서.

    나는 하필이면 왜 여름이 제일 좋을까. 여름은 모든 게 만천하에 드러나는 계절이기 때문이다. 툭하면 쿨한 척, 아무렇지 않은 척 얼버무리는 나조차 여름에는 어쩔 수 없이 태평해진다. 뜨거운 햇빛 아래 고스란히 드러나는 얼굴의 잡티와 주름, 금세 벌게지는 얼굴과 속절없이 흐르는 땀, 애써 가려봐도 티 나는 군살이 신경 쓰이면서도 일순간 '아, 다 됐다 그래!' 하고 만다. 여름에만 가질 수 있는 대범함과 무방비함 때문에 여름을 이렇게 사랑하는지도 모르겠다.

그러한 여름의 매력이 넘치도록 들어 있는 드라마 〈수박〉, 다들 안 보고 뭐 하세요.

나의 여름날 루틴
─ 여름 밥상

여름을 좋아한다고 하면 "더위를 안 타나 봐요?"라는 질문을 자주 듣는데, 여름을 좋아한다고 해서 더위를 안 타는 건 아니다. 나도 사람이다. 여름에는 땀 나고, 열대야에는 숨 막힌다. 장마, 습기, 폭염, 벌레 등 여름의 안 좋은 점도 똑같이 느끼며 산다. 하지만 이 모든 게 빠지면 그게 무슨 여름인가. 어떻게 모기까지 사랑하겠어, 널 사랑하는 거지.

하지만 유난히 입맛이 없는 계절임은 인정해야겠다. 불 앞에 서기 싫어서 밥하기 딱 귀찮아지고, 매일 반복하는 외식이나 음식 배달에도 질려 끼니를 거르기 쉽다. 안 그래도 요 며칠 밥 챙겨 먹는 걸 게을리했다가 연일 병원 신세를 졌다. 좋아하는 계절이 거듭될수록 그에 부응하지 못하는 몸이 돼 가는 나…. 그런 의미에서(!) 지금부터 나의 루틴—여름 에디션—을 소개해보겠다.

아침에 일어나면 우선 양치를 하고, 물 큰 컵 한 잔에 유산균을 먹는다. 그런 다음 세수 안 한 얼굴에 얼렁뚱땅 선크림을 바르고 개와 함께 아침 산책을 하러 나간다. 여름방학을 맞아서인지 등교하는 아이들로 북적이던 동네가 한산하다. 개가 공원과 풀밭을 거닐며 자기만의 방식으로 산책을 즐기

는 동안 나는 오늘의 날씨를 가늠한다. '오늘도 덥겠네. 비 온다더니 안 올 듯.'

온몸에 땀이 송글송글 맺혀 집으로 돌아와서는 아침을 차린다. 아무리 귀찮아도 아침상 차리기는 거르지 않는다. 아침 식사는 정해진 출근 시간이 없는 사람으로서 누릴 수 있는 최고의 복지다. 삼시 세끼 중 가장 내 취향껏 꾸릴 수 있는 한 끼다.

아침에는 주로 빵을 먹는데 아침 7시면 문을 여는 동네 빵집에서 갓 구운 빵을 사 오거나 얼려둔 빵을 실온 해동해 먹는다. 자고로 여름 밥상은 불 사용과 체력 소모를 최소한으로 하는 것이 관건. 그래서 씻고 자르기만 하면 되는 메뉴를 선택하는데, 가장 자주 먹게 되는 메뉴는 여름 샐러드다.

냉장고에 있는 제철 과일과 채소, 치즈를 썬다. 과일은 참외, 딱복, 청사과를, 채소는 오이, 방울토마토, 파프리카를 추천한다. 다른 건 몰라도 오이는 꼭 넣어야 한다. 오이는 세상에서 가장 과소평가된 채소다. 주변을 둘러봐도 오이를 못 먹거나 싫어하는 사람이 꽤 있는데 이유를 물으면 대부분 오이의 냄새가 싫다고 한다. 오이에 무슨 냄새가 난다는 말인가. 상큼한 냄새? 기분 좋은 냄새? 오이에는 냄새도, 잘못도 없다. 잘못이 있다면 오이 비누에게 있다. 나는 채소 중에 오이를 가장 좋아해서 여름에 우리 집 냉장고에서 오이가 빠지는 날은 없다.

몇 년 전에 글쓰기 수업을 할 때 한 수강생 한 분이 나에게 이런 말을 했다. "선생님은 오이 같아요. 특별한 맛이 있는 건 아닌데 아주 그냥 시—원하게 해서 먹는 오이 말이에요." 태어나서 오이 같다는 말을 들어본 적이 없었기에 리액션을 하는데 조금 뚝딱거렸지만, 어떤 의미인지 알 것 같아 배시시 웃음이 흘렀다. 안 그래도 얼굴이 길어 오이를 닮은 나는 오이 같은 사람으로서 오이를 좋아한다. 오이 이야기는 여기까지 하기로 하고.

치즈는 그릭 샐러드를 만들 때처럼 페타 치즈나 보코치니, 모차렐라 치즈도 괜찮지만 내 취향은 더 짜고 딱딱한 숙성 체더치즈 쪽이다. 치즈의 짠맛이 과일의 단맛과 잘 어울리고, 부서지는 식감도 과일과 채소 사이에서 포인트가 돼 준다. 만드는 방법은 모든 재료를 깍둑썰기한 다음 올리브오일, 레몬즙, 소금, 후추를 휙휙 뿌려 섞어주면 된다.

재료를 소금에 절이고 물기를 짜는 과정이 없어 샐러드에 물이 많이 생기기 때문에, 만들어두고 먹기보다 바로바로 만들어 먹는 게 좋다. 조리 시간은 5분이 채 걸리지 않고, 각종 채소와 과일을 쉽게 먹을 수 있어 절로 수분 및 비타민 충전이 된다. 게다가 색깔은 알록달록 얼마나 예쁜지. 이걸 만들 때마다 우리 개는 자기도 먹을 수 있는 음식물의 냄새를 맡고는 와다다 달려와 내 발치에서 기다린다. 그 성실함에 마음이 약해져 늘 개 몫의 과일과 채소를 조금 남겨둔다.

밥을 먹고 나면 책상 앞에 앉아 그날의 일을 시작한다. 여름이 되면 작업방에 있는 책상을 거실로 옮겨두는데 일하는 중간중간, 창문 밖으로 눈 따가운 여름 풍경을 즐기기 위해서다. 우리 집은 낮이 되면 햇살이 베란다에 길을 만든다. 자연스레 창문 너머 시시때때로 변하는 날씨를 직관할 수 있다. 문득 매미가 쏴아아 울고, 잠자리가 날아다니고, 햇살 아래 양산을 든 어르신이 느릿느릿 걸어간다. 저 멀리서는 땀에 푹 전 아이가 자전거를 타고 달린다. '여름이구나!'를 실감하는 순간 하늘의 구름처럼 내 마음도 두둥실 뜬다. 그걸 구경하는 틈틈이(!) 일하면, 어느새 오후가 된다.

절로 목이 뻐근해지면서 당이 떨어질 때면, 냉장고에서 탄산수를 꺼내 마신다. 레몬이 있다면 한 움큼 짜서 넣고. 가끔은 소다 티도 마신다. 아침에 페트병 사이다에 티백을 하나 넣고 실온에 놔두면 자연스럽게 찻물이 우러난 스파클링 티가 된다. 단향이 나는 티가 사이다와 궁합이 좋은 것 같아 홍차나 허브티 대신 과일 블렌디드 티를 이용한다. 차의 상큼한 향과 사이다의 달콤한 맛이 어우러져 몇 모금 마시면 입안에 생기가 돈다.

커다란 컵에 얼음을 넣고 음료를 따른 다음, 소파에 다리를 쭉 펴고 앉으면 어느새 헥헥거리며 올라오는 개. 하지만 이번에는 자기 것이 아니라는 걸 아는지 옆에 웅크려 눕는다. 한 손을 뻗어 울창한 숲 같은 개의 털을 어루만진다. 졸음이 몰려오면 대나무 자리를 깐 마루에 벌러덩 드러눕는다. 개 역시 토독토독 걸어와 옆에 눕는다. 한참 누워 있으면 열어둔 베란다 창문으로 여름 바람이 인색하게 불어온다. 내내 시원한 에어컨과는 다르게 좀처럼 만날 수 없어 더 소중한 한정판 자연 바람. 개 쿠션(!)을 끌어안고 눈을 감으면 나도 모르게 얼굴에 미소가 번진다.

잠시 후, 애써 자리를 털고 일어나 남은 업무를 하고 나면 퇴근. 미리 해둔 밥에 즉석 국만 끓여 저녁을 먹거나 배달 앱을 열어 냉면이나 타코를 시켜 먹는다. 여름엔 가스레인지 앞에서 불필요한 땀을 흘리지 않는 것이 포인트다. 그래서 여름엔 운동도

하지 않는다. 여름은 쥐어짜라고 있는 계절이 아니다. 이미 더위가 실컷 우릴 쥐어짜고 있지 않은가.

　개와 함께 살고 나서부터 나의 하루를 시작하게 하는 것도, 하루를 마무리하게 하는 것도 산책이다. 특히 여름의 밤 산책은 그야말로 축복이다. 대낮의 폭염이 자취를 감춘 시간, 한강에서부터 불어오는 여름 바람을 느끼며 공원을 느릿느릿 걷다 보면, 유난히 풀리지 않던 원고도, 묘하게 소통이 안 되던 업무 연락도, 늘 골치 아픈 인간관계도 다 별일 아니게 느껴진다.

　무엇보다 감사한 건 이 시간이다. 그래, 어찌 됐든 오늘 하루도 잘 마무리했어. 그래서 이렇게 걷고 있잖아. 한층 누그러진 더위에 아침보다 더 신나게 엉덩이를 흔들며 걷는 개를 보면 하루의 피로가 스윽 날아간다. 개를 처음 만났을 무렵, 산책이 밀린 업무처럼 부담스럽던 시간이 분명 있었는데, 이제 나는 산책 없이는 못 사는 사람이 됐다. 산책은 개가 인간에게 주는 수많은 은혜 중 하나다.

　으으윽. 그 와중에 반갑다고 달려드는 모기, 날벌레, 땀에 들러붙는 이마의 잔머리가 산통을 깬다. 이렇듯 여름을 좋아하지 않을 이유는 여럿 있지만, 나는 여름의 모든 것을 받아들이는 여름 사람.

지나고 보면 즐기지 못하고 보내버린 여름만큼 속상한 게 또 없다.

집에 돌아와 개운하게 샤워를 마치고, 냉장고에서 탄산수를 꺼내 테이블 앞에 앉는다. 창밖으로 펼쳐진 밤하늘에는 커다란 달이 걸려 있다. 그걸 바라보면서 알코올 대체 음료를 몇 모금 마시면 머릿속은 한 가지 생각으로 가득 찬다. 역시 여름은 좋구나. 여름은 좋은 거야.

물컵에 물이 반 정도 들어 있다면 물이 반밖에 안 남은 걸까, 반이나 남은 걸까. 평소의 나는 후자지만 여름에 대해서는 전자다. 여름은 아직 반이나 남았지만, 반밖에 안 남았다는 실감에 벌써부터 속이 탄다.

우리 가족 첫 바다
— 강릉

어느 날 반가운 메일을 받았다. 초여름 강릉 바닷가에서 열리는 북 페스티벌에 강연자로 초청한다는 내용이었다. 밤의 해변에서 열리는 북토크라니. 친한 친구인 작가 ㅅ과 짝을 이뤄 진행한다는 솔깃한 제안도 함께였다. 당장 달려가고 싶었지만 이내 '가지 못할 수도 있다'는 염려가 피어났다.

반려견 '풋콩'과 가족이 된 후로 나의 생활 패턴은 180도 달라졌다. 개인적인 외출은 최소한으로 줄였고 자주 다니던 외국 여행도 끊다시피 했다. 지역 도시에서의 강연도 당일치기가 가능한 경우에만 수락하고 있기에 고민에 빠졌다. 이 일정을 하루 만에 소화할 수 있을까. 개를 데리고 갈 수도 없고.

그러다 문득 머릿속에서 작은 전구 하나가 켜졌다. 아니, 잠깐만. 왜 안 돼? 같이 가면 왜 안 되는데? 개와 살고 나서부터 기나긴 버킷리스트가 생겼는데 그중 하나가 '함께 바다 보러 가기'였다. 혹시 이번이 그 꿈을 실현할 기회가 아닐까.

선택의 기로에 놓일 때마다, 결정으로 이끄는 것은 이성이나 지혜가 아닌 의지라는 것을 실감한다. '하고 싶다'는 마음은 '할 수 없다'는 상황보다 고집이 세다. 개와 함께 가고 싶다는 마음을 첫 번째로 두고 나니 어떻게 실현할 수 있을지 팔을 걷어 붙이게 됐다. 주변인들을 탐색한 끝에 동행으로 친언니를 포섭했고, 냉큼 반려견 동반 호텔을 예약했다. 하니까 되네? 그저 꿈인 줄 알았던 '우리 가족 바다 여행'이 비로소 현실이 되는 건가!

드디어 떠나는 날. 출근 시간을 피해 고속도로를 달렸다. 개를 태운 채 장거리를 운전하는 건 처음이라 한 시간에 한 번씩 휴게소에 들러 개를 위한 작은 산책을 했다. 오가는 길, 여러 휴게소를 들렀지만 춘천 방향으로 있는 가평휴게소가 가히 환상적이었다. 반려동물 친화적인 휴게소로 유명한 곳인 만큼, 반려견들이 목줄을 풀고 뛰어놀 수 있는 운동장도 있고, 반려동물과 함께 휴식을 취할 수 있는 테라스 자리도 넉넉했다. 반려동물 간식과 사료를 파는 코너도 아기자기하게 마련되어 있었다. 풋콩이가 운동장에서 뛰뛰로 스트레스를 푸는 동안 인간들은 핫바를 사 먹고 커피도 마시고 화장실도 다녀왔다.

혼자라면 두 시간 반에 주파했을 강릉까지 네 시간이 걸렸지만 쌓인 피로를 그때그때 풀 수 있어 오히려 가뿐했다. 풋콩이는 평소 차멀미가 심해 차 타는 걸 무서워했는데, 그날만큼은 멀미 한 번 하지 않고 카시트에 파묻혀 조용히 잠을 잤다. 풋콩이 역시 이번 가족 여행을 위해 최선을 다하고 있었다.

오후 늦게 호텔 로비에 들어서자마자 가족들과 함께 여행 온 개들 모습이 보였다. 체크인을 마치자 반려견을 위한 웰컴 키트를 선물로 주었는데, 그 안에는 사료와 다양한 간식, 반려견용 모자가 들어 있었다. 조식 뷔페도 반려견 동반으로 이용 가능하다고 했다. 체크인을 마치고 짐도 풀 겸 방으로 올라가 잠시 쉬었다.

컨디션 급속 충전을 마친 이른 저녁, 행사장이 마련된 경포해변으로 향했다. 내가 일하는 동안 언니는 호텔에 머물며 풋콩이를 돌봐주기로 했다. 낯선 도시에서 아는 사람에게 개를 맡기고 일하러 가다니. 상상해본 적 없는 호사에 절로 가슴이 부풀었다. 목적지를 향하는 차창 밖으로 바닷바람이 시원하게 불어왔다.

이윽고 북토크 무대에 오르니 뒤로는 바다가 있고, 눈앞에는 독자들이 있고, 옆에는 사랑하는 ㅅ이 있었다. 등 뒤로 파도가 출렁이고, 바람에 실려 온 짠 내가 콧속을 적시고, 바람 사이사이 묻어나는 풀 향기를 느끼며 우리가 사랑하는 일에 대해 이야기했다. 아름다운 해변을 배경으로 옹기종기 모여 앉은 사람들 모습에 가슴이 벅차올라, 촉촉한 눈으로 여러 번 웃었다.

　이튿날은 아침 일찍 일어나 ㅅ과 숙소 주변을 달렸다. 그날은 마침 ㅅ의 생일이어서 생일 날짜인 6월 11일을 반으로 나눠 각자 3.05킬로미터씩 달리기로 했다. 처음에는 오랜만에 함께 달리는 일에 들뜬 나머지 "각자 6.11킬로씩 뛰는 거 어때?" 하고 호기롭게 제안했으나, 생일자는 당혹감을 감추지 못한 채 시선을 피했다. 그래, 생일인데 전지훈련은 아니지, 싶어 후하게 반을 깎아줬는데 정작 달리다 보니 현명한 선택이었음을 절감했다. 달리기를 마친 후에는 호텔 로비에 있는 인생네컷에서 기념사진을 찍고, 조식 뷔페에서 조촐한 생일 파티를 했다.

　체크아웃을 한 후 본격적으로 강릉 여행을 시작했다. 먼저 풋콩이와 숙소 근처 해송림을 산책했다. 잔뜩 흐린 날씨였지만 높은 습도 때문에 소나무 향이 더욱 진하게 번졌다. 솔밭 구석구석을 오가며 냄새 맡기에 집중하던 풋콩이는 제멋대로 굴러다니는 솔방울을 발로 건드리다가 입으로 가져가 씹다가 공처럼 던지고 물어 오기를 반복하며 신이 났다.

　솔밭 맞은편으로는 송정해변이 펼쳐졌다. 드디어 우리 가족의 첫 바다 나들이. 이 시간을 위해

먼 길을 달려왔는데, 행여나 개가 바다를 무서워하지 않을까, 낯선 모래의 감촉에 놀라지 않을까, 염려도 잠시. 풋콩이는 모래사장을 발견하자마자 쏜살같이 달려 나가더니 네 발가락을 힘껏 펼쳐 별 모양으로 만들고는 마구 뛰어다녔다. 그대로 바다로 돌진할 것 같더니 평소 물을 싫어하는 풋콩이답게 파도가 끝나는 지점에 정확히 멈춰 섰다. 그 모습을 카메라에 담는 사이, 잔잔히 감동이 밀려왔다. 와, 오길 잘했다. 혼자 왔으면 어쩔 뻔했어. 우리 가족 첫 바다 여행은 이렇게 성공이구나.

점심으로 물회를 먹고 디저트로 순두부 젤라토를 맛보고, 소화를 시킬 겸 주변을 길게 산책했더니 어느새 개는 지쳐 잠이 들었다. 내 품에 안겨 규칙적으로 오르락내리락하는 작은 등을 가만히 바라보니 이제까지 없던 용기가 샘솟았다. 앞으로는 더 멀리도 갈 수 있을 것 같아. 내가 잘해서가 아니다. 흔쾌히 동행해 하나부터 열까지 도와준 언니, 내가 알던 것보다 몇 배 더 씩씩한 풋콩이한테서 얻은 용기다. 남은 여름, 우리 가족은 또 어디로 떠나게 될까.

집으로 향하는 길, 꽉 막힌 고속도로 위에서도 콧노래가 흘렀다. 역시 여름은 최고다.

김신회가 간다 간다 간다
— 여름사람

몇 해 전, 출판사를 만들었다. 만들었다는 말이 어색하게도 직원은 나 혼자, 사무실도 집이다. 대신 이름을 짓는 데는 꽤 긴 시간 고민했는데, 여름을 사랑하는 대표(=나)의 정체성을 담고 싶어서 이름에 '여름'이 꼭 들어갔으면 했다. 근사한 이름을 줄줄이 지어놓았지만, 상호를 등록하기 전에 검색해보니 이미 다 있는 이름이었다. 역시 사람들 생각은 거기서 거기구나. 참신한 아이디어는 나만 갖고 있는 것 같지만 결코 그렇지 않다.

숙고 끝에 이름은 '여름사람'으로 정했다. 이제까지, 아니 앞으로도 이런 이름의 출판사는 없을 것 같았고, 약간 이상한 것이 나랑 어울려서 마음에 들었다. 친구들에게 의견을 물으니, 조금 머뭇거리면서도 정 하고 싶으면 그렇게 하라고들 했다. 어차피 답은 정해져 있으니 그들은 대답만 하면 됐다.

여름사람의 첫 책은 당연히 여름에 나왔다. 출간기념 주요 이벤트로 기획한 것은 전국 북투어였다. 대한민국을 끝에서 끝까지 길게 횡단하며 중간중간 동네 서점에서 북토크를 여는, 일종의 로드트립이었다. 북토크 출연료는 무료인 대신, 여름사람의 새 책을 스무 권 구매하면 어디든 신청할 수 있도록 했다. SNS를 통해 전국 동네 책방의 신청을 받았고 4박 5일 동안 계룡, 대구, 남해, 일산, 평내 호평에 있는 여섯 책방을 방문하는 일정이 꾸려졌다. 전국 투어 북토크의 타이틀은 '김신회가 간다간다간다'.

전에도 시도해본 행사였지만 이번에는 마음이 더 비장했다. 스스로 만든 출판사의 첫 책이자 오랜만에 낸 새 책으로 독자들을 만날 기회였기 때문이다. 4박 5일 동안 혼자 운전하며 여러 도시를 옮겨 다녀야 하는 일정에도 긴장이 됐다. 대신 각 도시에는 친구를 심어두었다. 때로는 따로 때로는 같이, 마치 여름휴가처럼 친구들과 함께할 수 있도록 일정을 맞추고 북토크 사이사이 푹 쉴 수 있도록 숙소를 고르는 데도 신경 썼다. 개를 반려견 호텔에 맡기고, 트렁크에 짐과 책을 가득 싣고 고속도로에 진입했을 때 차 앞 유리창으로 햇살이 소나기처럼 쏟아졌다. 서둘러 선글라스를 꺼내 쓰니 가슴이 뛰기 시작했다. 가보자고.

첫날 방문한 서점은 충남 계룡에 있는 '책방 서륜'이었는데, 예전에 내 글쓰기 수업을 들었던 수강생 두 명이 의기투합해 만든 책방이었다. 조만간 서점을 차리는 게 소원이라는 그들의 말에 아주 먼 미래에 그런 일이 생기려나 상상했는데, 두 사람은 금방 현실로 만들어 나를 초대한 것이다. 책방에는 책을 좋아하는 조용한 두 사람이 정성스레 고른 책들이 단정하게 놓여 있었다. 아직 다 꾸며지지 않은 공간 사이로 초보 사장들의 포부와 희망, 기대가 느껴졌다. 똑같이 초보 사장인 내 마음에도 있는 것들이었다.

북토크를 마치고 숙소로 돌아가려는데 사장님 중 한 분이 따라 나오더니 쭈뼛쭈뼛 봉투를 건넸다. "먼 길 오셨는데, 죄송하고 감사해요. 기름값으로 쓰세요." 그 말에 연신 스읍! 뱀 나오는 소리를 내며 손사래 쳤다. "아, 이러면 못 만나요?!" 그럼에도 극구 건네는 봉투를 내팽개치고 숙소에 돌아왔을 때, 내 가슴을 수놓던 청렴함을 기억한다.

다음 날 아침에는 대구의 서점 '치우친 취향'에서 북토크를 무사히 마치고, 합류한 친구들과 함께 반나절 동안 대구 여행을 했다. 범어동 신천시장에 있는 '신천궁전떡볶이'에서 후추 향 나는 떡볶이를 먹고, 대구 시내 전경을 볼 수 있다는 롯데백화점 옥상에 있는 카페에서 커피를 마셨다. 저녁에는 또 다른 서점 '나른한 책방'에서 오붓한 북토크를 하고 숙소에 들어와 지친 몸을 뉘었다.

　그런데 이상하게 몸이 편치가 않았다. 반가운 친구들을 만나 긴장이 풀린 걸까, 차곡차곡 쌓인 피로가 이제야 나타나는 걸까. 침대에 이리 누워보고 저리 누워봐도 뱃속이 계속 불편하다는 내 읍소에 친구들은 한달음에 소화제랑 위장약을 구해 왔다. 그런데 그걸 먹고 나니 배가 점점 더 꼬이면서 눕는 것도, 앉는 것도 가능하지 않게 되었다. 애매한 자세로 호텔 카펫 바닥에 찌그러져 절규하니 놀란 친구들은 나를 들쳐 업고 응급실로 향했다.

　급성 위경련이라고 했다. 긴장된 마음으로 장시간 혼자 운전하고, 식사는 제대로 챙기지도 않은 채 쉴 새 없이 떠들고, 빈속에 자극적인 음식만 들이부은 결과였다. 몇 년째 똑같이 살았어도 몸에 이상이라곤 없었는데, 이제는 예전 같지 않구나. 이 이벤트는 빼박 중년인 몸으로는 무리였던 걸까. 하지만 여정은 이제 시작인데 약한 소리를 하고 있을 순 없어 응급실 침대에 누워 여러 번 심호흡을 했다.

　주사와 수액을 맞고, 얼마간 쉬고 나니 슬슬 정신이 들었다. 잠시 후 나는 잠옷 원피스 바람으로 두 친구의 부축을 받으며, 새벽의 대구 거리에서 택시를 기다리고 있었다. 허탈한 마음에 힘없이 콧김을 내뿜으니 한 친구가 말했다. "대구, 죽을 때까지 잊을 수 없을 것 같아요." 나는 당기는 배를 부여잡고 웃었다. 숙소로 돌아와 약을 더 챙겨 먹고 서둘러 잠을 청했다. 내일 또 아파서는 안 된다.

다음 날, 몸을 추슬러 남해로 향했다. 새 책을 낼 때마다 어떻게든 북토크 자리를 만들어주는 '아마도 책방' 순서였다. 책을 찾는 사람이 없어 한동안 썰렁했다는 책방이 독자들로 가득 메워진 모습을 보고 책방 주인 수진 님과 나는 말없이 감동했다.

이후, 미리 예약해둔 동네 게스트하우스로 가 뒤풀이를 했다. 긴긴밤을 위한 주전부리를 마련하려고 껌껌한 남해 밤거리를 걷던 시간을 영화 속 한 장면처럼 눈 안에 담았다. 바다 냄새를 머금은 미지근한 공기. 낮고 허름한 1층 건물들이 드문드문 서 있는 거리를 가로등 대신 비추던 달빛. 인기척이 사라진 골목에는 우리가 내는 슬리퍼 소리만 타닥타닥 들렸다. 지역 도시의 밤은 언제 마주해도 황량하다. 이 쓸쓸한 곳에서 근 10년째 혼자 살고 있는 수진 님의 마음 안에 뭐가 있는지 나는 결코 헤아릴 수 없을 것이다. 하지만 그날만큼은 서로가 곁에 있다는 것에 안도했다.

어느새 일정의 마지막 날. 이제껏 왔던 길을

거슬러 올라가야 했다. 집으로 가는 길을 지나쳐 일산의 서점 '위드위로'에서 북토크를 하고, 다시 집 앞을 지나쳐 평내호평으로 갔다. 반가운 얼굴들을 만나 얻은 에너지로 마음은 풍성해졌지만 몸에 쌓인 피로는 어쩔 도리가 없었다. 눈을 부릅뜨고 이어 간 여정의 종착지인 '책방 이또지라'의 사장님은 집에 가서 푹 자라며 폭신한 베개를 선물로 주었다. 커다란 인형처럼 내 품 가득 들어오는 베개를 안고 털래털래 집으로 향했다.

 피곤에 푹 전 몸으로 현관문을 여니 희미하게 사람 냄새 반, 개 냄새 반이 났다. 풋콩이는 내일까지 반려견 호텔에 머물 예정이었다. 꼭꼭 잠가두었던 베란다 창문을 활짝 열어봐도 바람 한 점 들지 않았다. 여행 짐은 내팽개친 채 샤워를 하고, 물이 뚝뚝 떨어지는 머리카락을 나 몰라라 한 채 거실에 누웠다. 겨우 몇 초 누워 있었음에도 콧잔등 위로 땀이 새어 나왔다. 그대로 손만 뻗어 에어컨 리모컨의 전원버튼을 눌렀다. 우웅 소리를 내며 돌아가는 에어컨에서 미지근한 바람이 흘렀다.

 성에 안 차는 바람을 맞으며 생각했다. '김신회가 간다간다간다'는 왠지 올해가 마지막일 것 같네. 그래도 잘했다. 좋았다. 피로와 성취감으로 버무려진 여름이 저물어간다…는 상념에 빠지기도 전에 스르륵 눈이 감겼다. 며칠 만에 꿈 한 장면 꾸지 않고 길고 단 잠을 잤다.

계절의 끝
— 근사한 추억 없이도 여름을 사랑할 수 있다

나는 싫어하는 것도, 좋아하는 것도 별로 없다. 평소 무언가에 대해 '좋아 죽겠다'고 표현하는 사람들을 보면 마냥 신기하고, 시간과 공을 들여 무언가를 덕질하는 이들이 대단해 보인다.

아끼고 사랑하는 사람들에게서도 곧잘 단점을 발견한다. 그러다가도 단점을 다 가리고도 남을 만한 매력과 고마움을 깨닫고 반성한다. 얼핏 평정심을 유지하고 사는 것 같지만 그럴 리 있나. 온 맘 다해 무언가를 좋아하거나 싫어하는 일을 두려워할 뿐이다. 마음을 쏟은 만큼 마음을 다친다고 믿는 것이다.

그런데도 '여름'만 떠올리면 무작정 가슴이 뛴다. 생각만으로도 얼굴 근육이 풀어지고 두 눈이 가늘어진다. 살면서 이렇게 전적으로, 끈질기게, 마음을 다해 숭배해온 것이 또 있었던가. 하지만 지나온 여름을 되돌아보면, 흑역사만 한가득이다. 나는 여름을 좋아하는데 여름은 나를 좋아하지 않는다. 또 나만 진심이다.

뼛속까지 모범생인 사람은 '최선을 다하면 그만큼의 결과가 따라올 것'이라고 믿는 경향이 있다. 근면 성실한 생활을 지속하다 보면 밝은 미래가 찾아올 것이고, 열심히 일하면 언젠가는 성공할 것이고, 마음을 다해 헌신하면 상대가 진심을 알아줄 거라고 생각한다. 하지만 세상은 생각대로 돌아가지 않아서 번번이 좌절한다. 그러나 뼛속까지 모범생인 이들은 포기하거나 외면하는 대신 다시 한번 노력한다. 여름을 향한 내 모습이 그렇다.

여름은 딱히 대단한 걸 가져다주지 않는다. 덥고, 지치고, 체력은 점점 후달리고, 흥미롭거나 재미있는 사건도 딱히 일어나지 않는다. 그치만… 계속 여름이 좋으니 어쩜 좋을까. 짝사랑도 이런 짝사랑이 없다. 그 마음을 글로 써온 시간 역시 여름을 기다릴 때처럼 설레고 가슴 벅찼다.

매일 아침 작업방으로 출근해 너덜너덜해진 모습으로 퇴근하고 나서도 다음 날 아침이 기다려졌다. 내일이면 또 좋아하는 여름에 대해 쓸 수 있기 때문이었다. 새 책을 준비할 때면 늘 신경이 곤두서고 그만큼 외롭지만, 이 책을 쓰면서는 조금 달랐다. 어딘가 막힌다는 생각이 들 때마다 여름 하면 떠오르는 영화를 보거나 책을 읽었고, 친구들과 여름을 둘러싼 각자의 추억에 대해 이야기했다.

그러다 보면 스윽 마음이 풀렸다. 써놓은 글이 마음에 안 들고, 제대로 가고 있는 건지 의문이 들 때마다 이렇게 되뇌었다. 그래, 좋아하는 일에는 정답이 없잖아. 그러니까 그냥 쓰자. 뚜벅뚜벅 걸어가 보자. 목적지를 알지 못하면서도 앞으로 걷는 일만큼은 포기하지 않던 기쿠지로와 마사오처럼.

지극히 사사로운 여름 이야기를 통해 말하고 싶은 건 별게 아니다. 여름을 즐기는 데 필요한 건 조건이 아니라 마음이라는 것, 순수한 기대라는 것. 내 흑역사들이 여름을 진심으로 즐기고 사랑하는 사람들에게 찬물을 끼얹게 될지 몰라도 이렇게 소심하게나마 여름을 아끼는 사람도 있다는 것. 근사한 추억 같은 거 없어도 여름을 사랑할 수 있다.

'아무튼 시리즈'는 내성적인 덕후들의 목소리라고 생각한다. 얼마나 내성적이면 혼자 좋아하는 것에 대해 생각하고, 곱씹고, 글 쓰고 책까지 낸단 말인가. 징글징글한 사람들이다. 그러면서도 만날 때마다 감탄하게 되는 이 세계 안에 내 목소리 하나를 끼워 넣을 수 있게 되어 기쁘다. 글을 쓰며 알았다. 나 역시 내성적인 여름 덕후라는 것을.

하긴, 이렇게 많은 추억을 안겨준 계절을 사랑하지 않는 게 더 어렵지.

나를 만든 세계, 내가 만든 세계
'아무튼'은 나에게 기쁨이자 즐거움이 되는,
생각만 해도 좋은 한 가지를 담은 에세이 시리즈입니다.
위고, **제철소**, **코난북스**, 세 출판사가 함께 펴냅니다.

아무튼, 여름

초판 1쇄 2020년 5월 29일
초판 19쇄 2025년 2월 28일
개정판 1쇄 2025년 7월 1일
개정판 2쇄 2025년 7월 21일

지은이 김신회
펴낸이 김태형
디자인 일구공
제작 세걸음

펴낸곳 제철소
등록 제2014-000058호
전화 070-7717-1924
팩스 0303-3444-3469

right_season@naver.com
instagram.com/from.rightseason

ⓒ김신회, 2025

ISBN 979-11-88343-83-6 02810

이 책 내용의 일부 또는 전부를 재사용하려면 반드시 저작권자와 출판사 양측의 동의를 받아야 합니다.